TROIS THÉATRES

IMPRIMERIE GÉNÉRALE DE CHATILLON-SUR-SEINE. — J. ROBERT.

TROIS THÉÂTRES

ÉMILE AUGIER
ALEXANDRE DUMAS FILS
VICTORIEN SARDOU

PAR

LÉOPOLD LACOUR

PARIS
CALMANN LÉVY, ÉDITEUR
ANCIENNE MAISON MICHEL LÉVY FRÈRES
RUE AUBER, 3, ET BOULEVARD DES ITALIENS, 15
A LA LIBRAIRIE NOUVELLE

—

1880

PRÉFACE

Dans un prochain ouvrage, je m'occuperai de *Labiche*, de *Meilhac* et d'*Halévy*, de *Gondinet*, sans oublier *Théodore Barrière*. Je me suis borné, pour le présent livre, aux trois œuvres les plus considérables que nous présente le théâtre appelé, dès l'apparition de la *Dame aux camélias*, le théâtre réaliste.

Ce théâtre a ses origines au xviiie siècle. Il dérive des théories et des pièces de *Diderot* et de

Beaumarchais. Si j'ai la bonne fortune de mener à sa fin le travail ici commencé, je publierai quelque jour une série d'études sur les ancêtres de la comédie moderne; et, trouvant sur ma route le romantisme, j'essaierai d'en marquer les causes, la valeur et l'action.

Tel est le plan que je me suis tracé : il me faudra, pour le remplir, un certain nombre d'années. Je souhaite que le public me rende la tâche légère, et ce n'est pas sans crainte que je livre au lecteur ce premier volume.

Je n'y parle au nom d'aucune école. A la rencontre, j'ai combattu les sectaires, quel que fût leur drapeau : persuadé que le domaine de l'art est immense et qu'en un certain sens toute évolution est un progrès.

Je me suis gardé de toute conjecture sur l'avenir. Le critique n'est pas un prophète, et je ne me vante pas de savoir si nous approchons d'une crise littéraire, qui rajeunirait jusqu'à l'art dramatique?

Le *Naturalisme* prendra-t-il enfin possession de la scène? ou bien devons-nous assister au réveil de l'imagination et du lyrisme? En vérité, je l'ignore; et j'estime que, pour les choses de l'esprit, le calcul des probabilités n'a rien de scientifique. Qu'un homme de génie se lève, et voilà soudain nos prévisions déjouées.

Avouerai-je maintenant ce que je désire? Oui, je rêve une sorte de renaissance romantique. Assurément, j'admire en son âpreté la haute comédie de nos jours; mais je redoute l'excès du réalisme, et, comment dirai-je? il me semble que l'air s'épaissit autour de nous. Secouons l'ivresse grossière que nous verse à pleines coupes le *Naturalisme*, rafraîchissons nos lèvres aux sources vives de la Poésie.

Est-il impossible de combiner en des œuvres harmonieuses l'Idéal et le Réel? Non certes. Le maître des maîtres, *Shakspeare*, l'a fait maintes fois, presque toujours même, et là m'apparaît le secret de son génie. Quant à Balzac, dont M. Zola invoque sans cesse l'autorité, il fut un voyant autant qu'un observateur ; et c'est étrangement se moquer de nous que de trafiquer ainsi d'un pareil nom.

Septembre 1880.

LÉOPOLD LACOUR

LE

THÉATRE DE M. AUGIER

LE
THÉATRE DE M. AUGIER

I

Plein d'amour et de respect pour son art, d'une
conscience littéraire au-dessus de l'éloge, M. Émile
Augier a mis trente-deux ans à bâtir un des théâtres
les plus solides et les plus gracieux tout ensemble,
je ne dis pas seulement de nos jours, mais de notre pays. Il a placé son idéal très haut; il a poussé
ses observations aussi profondément qu'il a pu, dé-
daignant les succès faciles et gardant pour la forme
un culte singulièrement rare. Intelligence sereine,
mais ouverte aux nobles passions, artiste à la main
virile, trop virile même et parfois brutale, épris de
la perfection et suivant la tradition des maîtres,
maître lui-même, il est, depuis quelques années

déjà, entré dans la gloire. Une admiration tranquille entoure son nom. Les polémiques, autrefois soulevées par *le Fils de Giboyer*, se sont éteintes. Il n'est plus de ceux qu'on discute ; il est de ceux qui s'imposent. Son œuvre est solide, un peu nue peut-être, mais de cette nudité qui étonne et qui frappe. On peut dire que la postérité a commencé pour l'architecte de ce monument. La grâce exquise et souveraine, le caprice étincelant n'y apparaît point ; mais je ne crois pas que l'art se soit jamais élevé plus haut ; que la méditation passionnée, l'enthousiasme du bien et la contemplation du mal, aient jamais tracé, pour l'honneur d'un homme et pour la honte d'une société, un tableau plus saisissant à la fois et plus sobre.

Il y manque l'originalité supérieure des artistes et des penseurs qui apportent, dans le domaine de l'art ou de la pensée, une formule nouvelle. M. Émile Augier n'est pas de ces violents qui, d'une secousse, mettent en mouvement toute une génération et soulèvent autour d'eux la haine et l'enthousiasme, comme dans un duel où le fanatisme du passé s'arme contre le fanatisme de l'avenir. Car

enfin, s'il a fait éclater quelques-uns des drames
les plus hardiment réalistes de son temps, s'il a
dressé aux regards de la foule un Vernouillet, une
Olympe Taverny, un Giboyer, une Séraphine Pommeau, il ne s'est élancé à l'âpre poursuite de la réalité humaine, il ne s'est jeté au cœur de nos plaies
sociales, que sur les traces d'un génie plus aventureux que le sien : c'est M. Alexandre Dumas qui,
d'une main brutale, l'a soudain ravi des régions
charmantes et doucement poétiques où la muse de
la fantaisie lui parlait le langage des dieux. C'est
la Dame aux Camélias et *Diane de Lys* qui lui ont,
comme dans un trait de feu, montré la voie nouvelle ; il y eut en lui, à cette apparition, un ébran-
lement fécond, une révélation de ses énergies cachées ; la source qu'il portait secrètement jaillit ; les
jolies fleurs, écloses au soleil de ses vingt ans, dis-
parurent, entraînées par la vigueur de ce flot inat-
tendu. Le poète de *la Ciguë* dit un adieu suprême
au pays enchanté où la mélancolie des Clinias se
dissipe au sourire d'une vierge ; et, comme la nature, en lui donnant la grâce, lui avait donné la
force, cet heureux équilibre des facultés les plus

opposées, cette union de l'inspiration et de la réflexion marqua d'une empreinte à part les comédies
implacables du poète converti. Il eut du même
coup la forme et le fond, l'audace des idées et l'é-
légance du style, la vérité poignante des peintures et la justesse du trait. Mais, encore une fois,
cette mâle décision d'un esprit qui se connaît enfin
et sacrifie sans pitié les amusements de sa jeunesse,
cette espèce de renoncement héroïque, ne doit pas
nous tromper : M. Augier en partage l'honneur avec
celui qui l'a provoqué. Il est devenu un des appuis
les plus solides de la révolution qui, dans ces vingt-
cinq dernières années, a transformé la scène française ; mais cette révolution, ce n'est pas lui qui l'a
proclamée, un autre a fait la brèche où lui-même a
passé.

D'ailleurs, tout en avouant que, dans le trium-
virat dramatique formé de nos jours par MM. Dumas, Augier et Sardou, M. Émile Augier occupe,
aux yeux des lettrés, la place la plus haute, il faut
accorder que ses deux rivaux ont un je ne sais quel
charme qu'il n'a pas. On comprend à merveille la
prédilection des gens de goût ; mais il n'est pas mal-

aisé non plus de s'expliquer l'ardent amour dont le public entoure l'auteur du *Demi-Monde* et celui de *Dora*. L'un et l'autre, d'un talent moins pur assurément, mais d'une humeur plus entreprenante, d'une verve plus âpre ou plus fougueuse, d'un tempérament dramatique plus emporté, sont, malgré leurs défauts et chacun à sa manière, des enchanteurs. L'un et l'autre ont un feu qui brûle les planches sous leurs pas; l'un et l'autre remuent la foule avec une sorte de volupté nerveuse et cruelle; ils vous prennent aux entrailles, vous saisissent à la gorge, et détraquent la machine humaine, dans les assauts furieux dont ils ébranlent à la fois nos cerveaux et nos cœurs. Enfin l'un et l'autre, pour m'en tenir encore à ce qui les rapproche, ont apporté une formule théâtrale qui leur appartient bien, et provoqué une véritable révolution sur la scène; ils ont une école et des imitateurs, tandis que M. Émile Augier appelle l'universelle admiration sans éveiller nulle part l'enthousiasme.

Je le sais et l'avoue, MM. Dumas et Sardou nous attirent par leurs défauts autant que par leurs qualités; nous goûtons moins qu'autrefois la mesure

dans les choses de l'esprit, nous inclinons vers les
outrances; le mélodrame et la charge irritent à
notre gré nos sens tout ensemble avides et blasés;
mais, par leurs excès mêmes, MM. Dumas et Sardou nous représentent plus fidèlement. Il y a chez
l'un cette amertume, cette inquiétude profonde,
ces contradictions du sentiment et de la pensée, ces
fureurs d'anathèmes et ces effusions mystiques qui
nous replient parfois sur nous-mêmes avec un sentiment d'angoisse et nous font mesurer l'abîme d'une
âme sans croyance fixe et sans direction ; chez l'autre, cette agitation fébrile, ces ressources imprévues
dans l'action, ces raffinements de style, cette vir-
tuosité caricaturale et cette passion romantique où
se reconnaissent les fils d'un siècle sans équilibre,
plein de bruit et de mouvement, délicat et grossier, héroïque et vil, secoué, éclairé, perverti par
les découvertes de la science et par leurs contre-
coups lointains.

M. Émile Augier, qui, par la rude énergie de
ses peintures, est bien un homme du XIX° siècle,
a cependant je ne sais quels traits d'un autre
temps. Sa langue, simple, mâle, d'un mouvement

un peu tranquille, d'une élégance toujours correcte, d'une émotion trop intérieure et trop contenue, procède des maîtres du xviie siècle; admirable instrument, à coup sûr, pour les combats de la scène, mais d'un métal et d'une trempe rares aujourd'hui, et dont le secret aura bientôt disparu. En dépit de l'argot que l'auteur y mêle parfois de propos délibéré, elle reste classique; et si, depuis longtemps, l'étude assidue de Molière, de Corneille, de la Rochefoucauld ne s'y trahit plus, n'oublions pas qu'elle s'y est trahie, et que la critique noterait aisément dans les premières pièces de ce théâtre des tours, des expressions, des hémistiches et jusqu'à des lambeaux de phrase, empruntés aux grands écrivains d'autrefois. Avec le temps, M. Émile Augier a dépouillé les imitations où se plaisait d'abord son talent encore incertain; mais, en n'obéissant plus qu'à son tempérament, il a montré d'une façon plus éclatante les affinités secrètes de sa nature avec l'idéal qu'on se faisait du style il y a deux cents ans. La façon dont il entend la composition dramatique, la logique et la netteté de ses conceptions, le soin qu'il donne à l'analyse des caractères, son dédain ou

tout au moins sa négligence pour les choses qui sont
de pur métier, enfin la hauteur d'une ambition
dramatique dont le rêve, souvent heureux, a toujours été de faire jaillir les effets les plus forts des
ressorts les moins compliqués; tout cela, c'est-à-
dire le fond même de son talent, relève aussi d'un
art supérieur peut-être, mais qui n'est plus tout à
fait celui de nos jours. Si j'insiste sur ce point, ce
n'est pas dans l'intention de rabaisser une œuvre
qui, je l'ai dit, appartient dès maintenant à la
postérité : c'est pour marquer sans détours la place
occupée par M. Émile Augier au sommet du théâtre
contemporain, entre ses deux rivaux; pour indiquer avec une pleine netteté les causes de la solitude littéraire d'où il règne, mais d'où il ne gouverne pas; enfin et surtout, pour expliquer le sentiment particulier d'admiration profonde, mais
calme, qui s'élève en nous dès que nous parlons
de lui.

II

M. Émile Augier n'est pas né dans la révolte; il
n'a pas été l'âme d'une émeute et le maître d'une
révolution; il a grandi lentement, patiemment, dans
le culte et dans l'imitation des formes consacrées;
original déjà, sur plus d'un point infidèle, sans le
savoir, à la poétique de ses dieux; séduit malgré lui
par le charme puissant du souffle romantique, mais
l'esprit religieusement tourné vers les modèles du
grand siècle et pénétré pour eux d'une telle dévotion, qu'il lui fallut dix ans pour s'affranchir définitivement et pour entrer en pleine possession de
lui-même. De 1844 à 1854, on peut dire sans exa-

gération que l'auteur de *la Ciguë* se chercha lui-même, sans réussir à se connaître tout entier; se révélant par échappées, mais loin de se montrer ce qu'il fut depuis. Il est curieux d'assister aux tâtonnements déjà beaux d'un talent qui n'avait pas encore découvert sa voie; c'est une étude intéressante toujours, mais d'un intérêt capital ici, car elle prouve bien, à mon sens, la valeur esthétique et la légitimité morale de la révolution provoquée par M. Alexandre Dumas, puisque cette poussée des esprits vers l'étude et la représentation impitoyable de la réalité put soudain entraîner et convertir un homme d'une telle fermeté, d'un tel bon sens, d'une éducation littéraire si raffinée et, qu'on me permette de le dire, si dédaigneux de la mode et si loyal. Il rompit, d'ailleurs, en homme d'honneur, nettement mais noblement; il garda même de ses relations avec la fantaisie poétique et l'ancienne comédie, un goût pour la beauté littéraire, qui est bien, avec la logique de son tempérament dramatique, sa marque distinctive. C'est par là que l'Augier des premières années se retrouve dans l'Augier des *Lionnes pauvres* et de *Lions et Renards*.

La qualité du style, si remarquable en lui dès ses débuts et plus encore depuis qu'il a renoncé au vers, forme le trait persistant de sa physionomie. La prose a pris la place de la poésie, au grand avantage de notre théâtre; mais c'est bien le même écrivain, et, si la véritable unité, celle qui repose sur le fond même d'une œuvre, fait défaut à cette belle existence littéraire qu'ébranla, vers 1854, une sorte de révélation, le passé se reconnaît encore dans le présent, et le meilleur de ce passé, l'élégante correction et la fermeté du langage. Bien que les délicats notent avec regret, dans cette langue sobre et forte, des plaisanteries un peu lourdes, des jeux de mots vulgaires, la valeur d'un pareil style n'en est pas moins incontestable, et ce mérite tout littéraire se marqua dès le premier jour dans *la Ciguë*.

Le poète, à coup sûr, ne vaut pas le prosateur; mais il serait injuste de s'en moquer, comme on le fait parfois. Les grands lyriques de notre siècle, Victor Hugo surtout, nous ont rendus sévères en fait de poésie, et, d'autre part, nous avons entendu parler d'une école de versificateurs tellement habiles, que leurs moindres compositions

ont un éclat, une sonorité, un relief incomparables. Mais, au théâtre, ce qu'il faut avant tout, c'est
un vers solide, bien armé pour le choc du
dialogue, et ce vers, M. Augier l'a forgé souvent
en maître ouvrier. L'auteur de *l'Aventurière* et de
Philiberte excellait à jeter dans une salle des traits
énergiquement frappés; et lorsque, dans la suite,
le poète endormi s'est réveillé, dans *la Jeunesse*,
qui est de 1858, et surtout dans *Paul Forestier*,
qui est de 1868, on a retrouvé plus vigoureuse
encore cette poésie dramatique aux allures viriles
et qui porte fièrement la pensée. Il faut vouloir à tout
prix rabaisser un homme pour mettre M. Augier
en regard de Victor Hugo; un poète de talent n'est
pas un poète de génie, et les mouvements superbes, les images grandioses de *Ruy Blas* et d'*Hernani*
sont trop au-dessus de toute comparaison pour
qu'on ait, en bonne justice, le droit d'étendre leur
ombre sur des œuvres déjà charmantes. Sans doute,
une fois au moins, notre auteur a semblé de lui-
même appeler le rapprochement, et, le jour où
fut jouée cette pâle imitation de *Marion Delorme*
qui se nomme *Diane*, Théophile Gautier eut raison

de faire durement expier au téméraire l'audace de l'entreprise. Mais ne soyons point, je vous prie, plus sévère qu'un des plus fervents adeptes du romantisme, et, puisque Th. Gautier n'hésitait pas à louer la facture de *la Ciguë*, du *Joueur de flûte* et de *Gabrielle*, ayons le courage de la vérité sur ce point.

Dans les pièces qui composent le premier volume du théâtre complet de M. Émile Augier, les tours heureux, les expressions piquantes, les images gracieuses abondent. L'esprit, la bonne humeur, la colère et l'amour y sourient ou s'y emportent en des répliques, en des monologues, en des tirades tour à tour aimables et fortes. Ici, des fraîcheurs inattendues; là, de belles fureurs ou de mâles leçons; à certains moments, un demi-lyrisme, un coup d'aile vers les régions du rêve, un je ne sais quoi de plus abandonné dans l'émotion, de plus éclatant et de plus fougueux. Dans *Gabrielle*, qui n'est pourtant pas la meilleure de ces comédies en vers, Julien, resté seul après l'épouvantable révélation du malheur qui menace son foyer, rentre en lui-même et s'écrie :

> Insensé ! voilà donc la tendresse éphémère
> Que j'ai pu préférer à la vôtre, ô ma mère !
>
> . . . .
>
> Hélas ! j'ai plus aimé cette femme que vous ;
> Je l'entourais de soins plus tendres et plus doux ;
> Pour ne pas voir un pli sur sa lèvre vermeille,
> Je desséchais mon sang aux ardeurs de la veille,
> Et la trouvant heureuse et fraîche le matin,
> J'oubliais ma fatigue aux roses de son teint.
>
> (Acte IV, scène 4.)

Voilà ce demi-lyrisme, dont je parlais il n'y a qu'un instant, et dont le lecteur pourra trouver dans *le Joueur de flûte* de véritables modèles.

Où le vers de M. Augier atteint à sa perfection, c'est quand la situation le soulève et l'emporte ; la force dramatique de l'auteur double soudain la vigueur de l'expression, et je pourrais citer plus d'une tirade éloquente. *Gabrielle*, *la Jeunesse* et *Paul Forestier* m'en fourniraient aisément. De quel accent, avec quelle émotion Julien trace à Stéphane comme à Gabrielle le tableau des tristesses cachées où plonge l'adultère, lors même qu'il est assez fier pour s'exiler ! C'est autour des coupables une solitude immense, infranchissable ; ils songent alors à tout ce qu'ils ont quitté, et, penchés sur eux-mêmes, ils versent sur leurs joies disparues des larmes silencieuses. La femme, plus que l'homme encore, regrette son honneur et son bonheur perdus :

> — Croyez-vous qu'à travers sa fenêtre,
> Elle verra passer d'un œil bien aguerri,
> La moindre paysanne au bras de son mari?
> Où que vous conduisiez son exil adultère,
> Vous la verrez baisser les regards et se taire,
> Lorsque les bonnes gens, se tenant par la main,
> Sans ôter leur chapeau passeront leur chemin.
> Pauvre femme ! ses yeux errant dans l'étendue
> Comme pour y chercher la paix qu'elle a perdue,
> Tâchent de découvrir par delà l'horizon
> La place bienheureuse où fume sa maison.
>
> (V, 5.)

Plus éloquente et plus triste encore est la confession dramatique de madame Huguet, quand, pour détourner son fils d'un mariage d'amour, elle lui expose sa vie, les premiers ravissements de la passion, la folle insouciance des commencements, puis les charges de la maternité, l'approche de la misère, les travaux et les veilles, et l'amertume des *menus* désespoirs où l'âme s'aigrit, où l'amour s'éteint :

> Si jamais couple fier s'est vaillamment jeté
> Dans ce rude labeur qu'on nomme pauvreté,
> Ce fut ton père et moi. Nous pouvions l'un et l'autre
> Former une union plus riche que la nôtre,
> Et, pour nous épouser, nous avons, en vrais fous,
> Refusé deux partis inespérés pour nous.

> Comme nous nous aimions ! comme nous étions braves !
> Quel superbe dédain des mesquines entraves !
> Nous n'admettions alors, comme vous aujourd'hui,
> Ni bonheur sans l'amour, ni malheur avec lui.
> Aussi quel heureux temps de joie et de courage,
> D'exquise pauvreté dans notre humble ménage,
> D'élégance frugale, et de grâce, et de soin,
> Le seul luxe, en effet, dont l'amour ait besoin.

Mais avec les enfants, la passion s'est enfuie, chassée de jour en jour par les combats livrés à la misère.

La réalité a posé sa main de fer sur les rêves de la jeunesse, et le mari se dégoûte du présent, quand le passé lui apparaît dans un éclair, avec sa grâce et sa beauté depuis longtemps disparues :

> Et les nobles élans, les sublimes chimères
> Qui nous ont amenés à ces heures amères,
> Se trouvent remplacés, au cœur désenchanté,
> Par un âpre regret de ce qu'ils ont coûté.
>   (IV, 5.)

Voilà, certes, quelques-uns des plus beaux vers de M. Émile Augier. Point de remplissage, point d'épithète banale ou traînante ; un je ne sais quoi de sombre, d'amer, et pourtant une résignation puissante, une volonté forte, une haine mêlée de regrets, mais implacable, pour les beaux et douloureux mensonges de la vingtième année. Ce sont là des sentiments profonds, admirablement exprimés ; et ce qui élève ici le ton du poète, c'est la vigueur de la situation, c'est la crise, c'est le drame même dont cette confession est un des ressorts les plus tragiques.

Dans *Paul Forestier*, composé dix ans après, le vers a quelque chose encore de plus vivant et de plus mâle que dans *la Jeunesse*. Je mets à part, bien entendu, la scène dont j'ai donné tout à l'heure un si remarquable passage ; mais le reste n'égale pas la poésie répandue dans la dernière pièce en vers de M. Émile Augier. J'ai déjà trop cité, pour citer maintenant autant que je le voudrais ; mais je recommande particulièrement les pages brûlantes où Paul accable Léa d'outrages, puis, épouvanté de sa brutalité, éclate en sanglots, saisit avec un emportement voisin de la folie celle qu'il vient d'insulter, et la supplie de l'aimer encore. La situation est des plus dramatiques : Léa, qui s'était éloignée sans prévenir Paul afin de l'éprouver, a, tout d'un coup, en Allemagne, appris le mariage de son amant ; dans une minute de délire, elle s'est livrée à un homme qu'elle n'aimait pas ; elle est de retour. Paul, que son père a marié et qui croit aimer sa femme, une enfant adorable, sait la honte de son ancienne maîtresse ; il va chez elle, et c'est alors qu'éclatent en lui toutes les fureurs d'un amour qu'il avait cru mort et qui reparaît soudain plus fort qu'autrefois.

> Un autre entre ses bras, un autre l'a flétrie !

s'écrie Paul Forestier,

> Un étranger... que dis-je ! un passant, Dieu vengeur !
> De sa beauté divine a pillé la pudeur !
> Il a tout dévoré de son regard profane !
> Demande-moi pardon ! A genoux, courtisane !

Mais il se calme, les larmes l'ont apaisé, et Léa lui peint l'état de son âme au moment où elle a souillé tout son être, pour se venger ; puis elle s'arrête, et, dans un élan superbe :

> Si la honte tuait, je ne serais pas là,

s'écrie-t-elle ; et, se tournant vers Paul :

> Vous me méprisez moins que je ne me méprise,
> Et j'ai la plaie au cœur que rien ne cicatrise.

C'est à ce moment que la scène tourne, que Paul conjure Léa d'oublier ce qui les sépare et de renouer les liens du passé (III, 6). Le vers, loin de gêner ici la fougueuse allure du drame, la précipite. La parure dont il couvre les élans de la passion n'est pas un manteau pompeux; elle est une armure brillante et souple, qui rend au moindre mouvement un bruit d'épée.

Il est vrai que *Paul Forestier* est une des pièces les plus récentes de M. Augier; que sa poésie n'a pas toujours eu ce tour rapide et ce beau souffle; que le drame s'écarte ici du calme ordinaire, de la modération avec laquelle l'auteur, esprit un peu trop sain peut-être, a fait ailleurs parler l'amour et ses révoltes contre les lois sociales; que, dans *Gabrielle*, par exemple, la passion a je ne sais quel air mesquin, et que, tout en portant Stéphane et la femme de Julien jusqu'à d'étranges projets, elle s'exprime le plus souvent d'un style assez faible. Oui, tout cela est vrai; mais qu'en devons-nous conclure? C'est que le poète a beaucoup appris, depuis les comédies de sa jeunesse; que le maniement de la prose a retrempé son vers et l'a rendu plus dramatique; que l'âge et la vie, loin de tarir en lui les sources du sentiment, semblent bien les avoir élargies et creusées.

Ce qui se dégage du drame à demi romantique, composé par M. Émile Augier en 1868, c’est une sorte d’épanouissement lyrique, trop rare au temps déjà lointain où l’auteur de *l’Aventurière* n’avait pas encore abordé la comédie de mœurs. Le lyrisme, en effet, je ne parle pas de ce demi-lyrisme qu’on rencontre parfois dans *la Ciguë* et dans *le Joueur de flûte*, mais le vrai, le grand lyrisme, voilà ce qui manque aux premières œuvres de M. Émile Augier. Voilà sans doute le défaut capital qui lui gagna, dès ses débuts, les encouragements de l’école nouvelle qui se leva vers 1843, et qu’on nomma l’école du bon sens ; école stérile, dont Ponsard fut le dieu, sans vouloir, il est vrai, en être le prophète, et qui s’imagina de bonne foi anéantir le romantisme et ranimer la tragédie classique.

Sans vouloir s’enrôler, M. Émile Augier recueillit, dès 1844, les plus doux sourires de cette coterie. *La Ciguë* n’autorisait qu’à demi les espérances de la vieille Académie; mais il y avait là un talent distingué, ne relevant pas de Victor Hugo, suivant sa fantaisie, laissant voir l’étude assidue des maîtres d’autrefois; c’en était assez pour que les impuissants de l'époque, aveuglés par les éclairs de *Ruy Blas* et de *Marion Delorme*, fissent la cour au débutant. Le poète avait placé sa fraîche et suave comédie au temps de Périclès, dans la maison d'un jeune libertin de la Grèce ; il semblait par là se déclarer contre le moyen âge, contre le xvie siècle, contre Shakspeare et Calderon ; il s'agissait de le caresser, de l'attirer, d'en faire en quelque sorte le second de Ponsard. Il était d'ailleurs l'ami du maître, et ne cachait pas son admiration pour le talent de ce versificateur habile et sobre, à qui manqua seulement la flamme du vrai poète.

Les adversaires du romantisme pouvaient donc se figurer, sans trop d'invraisemblance, qu'il leur serait facile de mettre au service de leurs doctrines le talent déjà brillant du nouveau venu. Ce furent des flatteries délicieuses : le Théâtre-Français s'ouvrit immédiatement à ce jeune lévite de la tradition ; et, quelques années plus tard, l'Académie, pour lui marquer sa bienveillance, lui décernait un prix de poésie dramatique, accordé tout ensemble au poète et au moraliste. Mais, heureusement pour nous et pour M. Émile Augier, l'école du bon sens et l'Académie se trompaient sur la vocation secrète de notre auteur ; et certainement l'une et l'autre étaient loin de prévoir, au lendemain de *Gabrielle*, des pièces telles que *le Fils de Giboyer* et *la Contagion*. Je reconnais qu'une telle clairvoyance eût été difficile ; cependant l'école romantique, judicieusement avertie par les grâces originales de *la Ciguë*, se garda bien de traiter en ennemi l'admirateur de Ponsard. Elle sentait qu'une imagination si piquante irait son chemin sans trop s'inquiéter des dogmes classiques ; elle reconnut dans son premier essai dramatique un enjouement, une franchise d'allures qui lui plut ; et Théophile Gautier célébra le triomphe de cet indépendant avec autant de loyauté que d'habileté.

Il y aurait bien des choses à dire encore sur le poète ; mais je ne puis qu'effleurer le sujet. La vraie gloire de M. Augier réside dans ses comédies en prose ; c'est le peintre de la société contemporaine qui restera, c'est lui, par conséquent, qu'il importe d'étudier ici.

III

Une raison vaillante, un bon sens courageux,
voilà, ce me semble, la faculté maîtresse de M. Augier : elle éclate dans l'ensemble et dans le détail
de ses comédies. C'est elle qui a guidé son observation vers le coin de la société française où se pose
le mieux le problème social, où le grand agent de
l'activité humaine et le plus dangereux dissolvant
de la moralité, la fortune, joue le rôle le plus considérable ; c'est elle qui, l'ayant placé sur ce point
particulier, l'y a maintenu obstinément, afin qu'il
pût en épuiser le suc et la substance, au lieu d'en
effleurer seulement la surface. Partant, c'est elle

qui a donné à son œuvre ce double caractère d'unité artistique et de profondeur morale qui saisit à la fois comme une beauté littéraire et comme une vertu de la pensée ; car la pensée a ses vertus comme le cœur.

La simplicité du plan, à quelques exceptions près, la vigueur des caractères, la force des coups de théâtre, toutes ces grandes qualités ont leur source commune dans la puissance d'une raison toujours maîtresse d'elle-même et d'un bon sens impitoyable. L'observateur, le satirique, le penseur, le justicier, l'artiste, sont ici de même trempe et de même valeur. J'ai parlé du justicier. M. Émile Augier est, en effet, de ceux qui croient à l'influence du théâtre, à l'efficacité de ses enseignements. Il sait à merveille que les individus sont incorrigibles, que nul Harpagon ne se reconnaît dans le personnage de Molière, nulle Philaminte dans la femme du bon Chrysale ; mais il est persuadé que l'écrivain dramatique peut atteindre et ruiner une mode, une contagion. La comédie de caractère est moralement impuissante, mais la comédie de mœurs est une arme sérieuse, dangereuse pour le mal ou pour le bien.

Le point est de la mettre au service de la justice.
Qu'une main virile découvre aux regards de la foule
les plaies de la société, qu'elle en indique le siège
et les causes, qu'elle en trace une peinture épouvantable et nous fasse reculer d'horreur, c'est une
chose salutaire. De tels spectacles ne ressemblent
point à une prédication ; ils n'ont rien d'une conférence ; ils portent en eux-mêmes leur moralité.
Pourquoi le théâtre, qui, suivant une heureuse définition de M. Augier dans la préface des *Lionnes
pauvres*, est « la forme de la pensée la plus saisis-
sable et la plus saisissante », n'aurait-il pas, au
moins sur les mœurs publiques, l'action du livre
ou du discours? On le voit, je suis modeste; car
enfin, si l'on est en droit de mesurer l'influence
des leçons à leur retentissement, et surtout à la violence avec laquelle elles saisissent le public, il est
incontestable que les enseignements indirects, mais
éclatants, enfermés dans une action dramatique et
développés par elle, pénètrent dans la foule avec
une puissance mêlée de séduction et d'épouvante
que nulle autorité en ce monde ne peut se vanter
de posséder. Les leçons qui se dégagent d'une co-

médie ou d'un drame parlent aux yeux comme aux oreilles ; elles nous prennent à la fois par la raison et par la sensibilité ; elles laissent, avec le plaisir qu'elles nous ont causé, un souvenir durable ; elles nous plaisent surtout parce que l'auteur a déguisé la pensée morale sous l'intérêt dramatique, et, ne parlant pas en son nom, semble uniquement soucieux de nous émouvoir ou de nous amuser.

Ce désintéressement tout d'apparence est d'un attrait irrésistible : nous cédons au poète ce que nous refuserions au prédicateur. M. Dumas va trop loin : pour lui, la scène est une tribune, une chaire. Moraliste moins profond peut-être, et moins ambitieux, M. Émile Augier est passé maître dans l'art souverain de faire vivre une idée sur la scène, de l'incarner dans un personnage, d'y jeter le frémissement et la flamme dans le mouvement de l'action. Il a de plus le mérite, assez rare aujourd'hui, de bien savoir ce qu'il veut dire ; il a l'audace et la clarté. Rien d'apocalyptique en lui, mais quelque chose de très français. Il concentre son observation, et sa vue ne porte pas au delà d'un certain cercle ; mais il creuse profondément là où il s'est placé, et l'on doit ajouter qu'il a choisi, pour y élever son théâtre, la position la plus heureuse.

Il l'a choisie n'est pas le mot vrai, car il l'a trouvée. Sans le secours des dates, on serait tenté de croire qu'il a reçu de Ponsard, dans le domaine de l'observation sociale, une secousse analogue à celle dont l'ébranlèrent les premières pièces de Dumas, puisqu'on assiste, dans la plupart de ses comédies, au duel de l'honneur et de l'argent. Mais la pièce de Ponsard est postérieure, non seulement au *Gendre de M. Poirier*, mais à *Ceinture dorée* ; elle est de 1856, et les œuvres charmantes que je viens de nommer sont, la première, de 1854, la seconde, de 1855. Sur ce point, l'originalité de M. Augier ne saurait être discutée ; et c'est vraiment la marque d'une intelligence supérieure que d'avoir si bien vu l'inépuisable intérêt, l'intérêt toujours vivant, mais plus brûlant aujourd'hui que jamais, du combat que se livrent sans cesse la conscience et la fortune. Il y a là, pour le moraliste et pour le poète dramatique, un champ vaste et fécond.

Mais où ces batailles se livrent-elles le plus naturellement? Dans un monde particulier, qui n'est

2.

plus tout à fait la bourgeoisie, et qui n'est pas non plus la noblesse d'autrefois; mais justement à la frontière de ces deux sociétés, sur la ligne où elles se touchent, dans les salons où les financiers et les marquis, les journalistes et les barons se rencontrent, s'unissent ou se combattent. C'est là ce qu'on peut appeler le monde de M. Augier, et, comme j'ai tâché de le montrer en quelques mots, ce monde est le vrai théâtre où peuvent se jouer d'une façon saisissante les drames qui reposent sur les luttes de l'honneur et de l'argent. L'on reconnaît encore ici la logique d'un esprit net et fort.

Raison, logique, voilà les mots qui sans cesse viennent à ma plume; mais je n'y puis rien, et je ne fuirai certainement pas des répétitions de mots qui s'imposent, par respect pour la fausse élégance du style. Oui, ce que j'admire, à n'envisager encore, dans l'œuvre de M. Augier, que la pensée morale et la société particulière où il a coutume de nous introduire, c'est la convenance absolue de l'une et de l'autre; l'idée fait corps avec le monde, le monde avec l'idée; les deux bases de l'édifice se tiennent étroitement et semblent ne former qu'un seul et même bloc.

Le Gendre de M. Poirier, qui est le début de notre auteur, son premier pas dans le domaine du drame réaliste, met aux prises, avec un singulier mélange d'élégance et de vigueur, les deux puissances qu'il a presque constamment opposées et les deux mondes qu'il a presque toujours dressés face à face. *Le Gendre de M. Poirier* est une œuvre accomplie, un chef-d'œuvre, où deux artistes d'un tempérament différent ont si merveilleusement associé leurs qualités particulières, qu'il est impossible de saisir ce qui, dans le travail commun, appartient à l'un des deux. Mais il est incontestable que la touche de M. Augier est devenue plus rude avec le temps, et qu'on trouve ici une délicatesse qui, dans la suite, n'a pas disparu, mais a perdu quelque chose de sa grâce et de son parfum. Aussi (pour me borner à ce qui m'occupe en ce moment), le duel moral, qui est l'idée de la pièce, s'y enveloppant de tendresse et de bonhomie, égayé de scènes charmantes et comme illuminé par la ravissante apparition d'Antoinette, ne s'y développe pas

avec l'âpreté qu'y mettra plus tard l'auteur d'*un Beau
Mariage* et des *Lionnes pauvres*. Le drame est
solide, bien mené, d'un effet puissant; mais il y
a tant de beauté, d'amour et de noblesse dans la
fille de M. Poirier; une impertinence si adorable,
tant de jeunesse et d'esprit dans Gaston de Presles; une vanité si naïve, puis une décision si drôle-
ment populaire dans le vieux bourgeois enrichi,
que ces impressions jettent sur les côtés sombres
de l'action et sur les parties basses des deux principaux caractères un je ne sais quoi de souriant et
de trompeur. Mais dégagez de ces parures, de ces
fines et brillantes dentelles, le drame terrible qui
se prépare dès le premier acte et n'éclate pleinement qu'au troisième, qu'y voyez-vous? Un bri-
gand de belle naissance et de haute volée; un
coquin d'origine obscure, de grande fortune et
d'ambition démesurée: la noblesse et la bourgeoisie,
le blason et l'écu, passant un ignoble contrat, unis
un jour, mais bientôt armés l'un contre l'autre;
une femme, une jeune fille presque, victime à la
fois de son père et de son mari, et dont le cœur
est un instant brisé par la plus douloureuse des

humiliations. Le beau-père et le gendre comprennent aussi mal l'un que l'autre la dignité de l'homme ; l'un parle honneur et l'autre probité ; mais Poirier donne sa fille au plus ruiné des petits marquis, et Gaston, dans sa fortune nouvelle, voit tous les avantages du marché qu'il a fait, mais compte sa femme pour rien. La timidité d'Antoinette le fait sourire ; une enfant, une pensionnaire ! Quel intérêt M. Gaston de Presles, accoutumé à des grâces plus hardies, pourrait-il bien trouver dans cette jeune marquise, encore tout ébaubie de sa métamorphose, heureuse et confuse de porter le nom de celui qu'elle aime ? Gaston mène un train de prince, il fait courir, joue un jeu d'enfer, achète des tableaux, a le premier cuisinier de Paris ; ses dettes vont être payées ; que lui importe le reste ? Il le dit, et, ma foi, il le dit si joliment, avec un entrain si cavalier, que le gentilhomme nous séduit malgré nous ; mais envisagez les choses au point de vue de la moralité la plus accommodante, et dites-moi si le mariage de ce petit-maître n'est pas une vilaine et triste action. M. le marquis ne s'en doute pas ; il a son honneur à lui, qui n'est pas celui de tout le monde, et qui prend bravememt son parti des pires déshonneurs. Poirier ne vaut pas mieux ; Antoinette est marquise, et certes il y a mis le prix, un million. Pour avoir toujours le marquis sous la main, il le garde dans son hôtel, il le loge, le nourrit, le chauffe et le sert ; que sa fille soit heureuse, il s'en occupe peu ! Il a son ambition, il veut être pair de France et baron.

Ainsi donc, en 1854, dès son entrée dans la comédie de mœurs, M. Augier prit, au point de vue social, la position qu'il devait garder jusqu'à nos jours, à de très rares exceptions près. Du premier coup, il distingua un poste saillant, un coin particulier de la société où plus qu'ailleurs éclatent la puissance et le culte de la fortune. Installé de la sorte, décidé à tout voir et résolu à ne rien cacher, il a successivement interrogé d'un regard impitoyable tous les scandales qui ont l'argent pour cause, toutes les bassesses qui l'ont pour objet.

Il a pu d'aventure abandonner le monde déterminé qui est devenu comme la patrie d'adoption de son talent; il est un jour descendu dans une région inférieure; il a placé un de ses drames les plus audacieux dans le salon d'un maître clerc qui de sa vie n'a connu que la peine, le travail forcé, les veilles qui pâlissent et dessèchent. Mais cette apparente infidélité n'en est pas une, car l'inspiration des *Lionnes pauvres*, l'étude et la peinture des hontes où l'âpre convoitise du luxe a poussé Séraphine Pommeau, loin de s'écarter de l'idée générale où apparaît manifestement l'unité de l'œuvre entière, en est sur un point spécial la plus saisissante démonstration. La prostitution dans l'adultère, le mari jouissant d'un luxe qu'il n'entretient pas, plein de confiance et d'amour pour une femme qui non seulement se joue de son affection et la trahit, mais qui le rend à son insu coupable des infamies où elle s'est abaissée ; voilà bien, je crois, le drame le plus épouvantable parmi ceux dont l'argent est le principal ressort. — M. Augier le reconnaît : par le choix du milieu où se passe l'action, l'écrivain a rétréci son cadre ; mais, pour lui emprunter ses expressions, il a élargi son idée, « en montrant cette plaie du luxe dans les régions où le luxe n'était pas descendu avant nous[1]. »

Ordinairement, le cadre de M. Augier est plus large, en effet, et plus élevé. C'est un salon où l'aristocratie de la fortune et celle de la naissance se mêlent volontiers, le plus souvent jalouses l'une de l'autre, prêtes à se duper ou à se combattre, mais unies par l'intérêt, par le désir de s'anoblir ou de s'enrichir. L'amour de la particule, chez les uns, ou simplement la joie de frayer avec les fils des preux; chez les autres, l'obligation de fréquenter un monde que la fortune a rendu tout-puissant, parfois aussi la secrète envie d'une més-alliance lucrative, voilà les liens de cette société bâtarde, mais bien vivante, où se complaît l'obser-vation et la satire de M. Augier. Tantôt il s'élève davantage vers l'aristocratie héréditaire, tantôt il dirige plus directement le regard du public vers cette bourgeoisie privilégiée dont le règne com-mença sous Louis-Philippe. Le monde qui se ren-contre ou qui du moins peut se rencontrer aux

1. Voir la Préface des *Lionnes pauvres*.

soirées de ce pauvre Roussel, le plus naïf des coquins et le plus innocent des voleurs, n'est pas
d'aussi haute futaie que les protecteurs de M. Maréchal et les amis de M. Charrier ; mais le parvenu
de *Ceinture dorée* et le marquis des *Effrontés* représentent bien les deux pôles de la sphère dramatique où s'est volontairement enfermé l'homme
qui, de nos jours, a le plus obstinément et le
plus courageusement éclairé les pentes du précipice
dans lequel roulent d'ordinaire toute noblesse et
toute dignité.

Je n'oublie pas que, dans *Maître Guérin*, l'action
se passe à la campagne ; mais de la province, nous
ne voyons ici qu'une figure, celle du notaire re-
tors, du maître fourbe qui sait trouver avec la loi
de si jolis accommodements. Quant aux paysans,
c'est à peine si l'auteur nous en montre un, l'homme
de paille de Guérin : et ce *Brenu*, ce fin matois
dont la rouerie nous fait songer à certain personnage de *l'Avocat Pathelin* ; ce personnage à
l'œil louche, au portefeuille gras, qui trompe jusqu'au notaire dont il est l'agent secret, n'apparaît
qu'un instant pour s'asseoir au foyer de Guérin et

prendre à sa table la place abandonnée dans un élan de colère et d'indignation par le fils et par la femme. Les autres personnages sont des gens du monde et du grand monde.

Quant aux *Fourchambault*, ils vivent au Havre, mais le lieu de la scène ici n'importe pas. L'auteur nous présente encore la famille d'un banquier, où pénètre la contagion du club et du sport parisiens. Le nœud de la pièce est une banqueroute, la fille de M. Fourchambault sait l'argot des lionnes, Léopold passe ses nuits au cercle et dépense en gentilhomme l'argent de son père; la main de Blanche est demandée par le fils du préfet et ce préfet est un baron. En dépit de la distance, et bien que les couleurs du tableau soient un peu effacées, nous sommes, si je puis ainsi parler, dans une maison écartée de la Chaussée-d'Antin.

Pour *Madame Caverlet*, ce n'est plus une comédie de mœurs; c'est une comédie purement sociale, à la différence du *Fils de Giboyer* et des *Fourchambault*, qui nous offrent un mélange des deux genres.

En résumé, si l'on voulait compter, dans le théâtre en prose de M. Augier, les pièces où ne se trahit pas la pensée dominante du vigoureux esprit que j'étudie, on en trouverait tout juste deux : *Madame Caverlet* et *le Mariage d'Olympe*. Les autres, celles qui se passent en province comme celles qui se passent à Paris, sont les diverses manifestations dramatiques d'une inspiration morale invariable ; et, si l'on met à part *les Lionnes pauvres*, où l'auteur développe sa pensée dans un milieu de petite bourgeoisie, le cercle où se concentrent ses observations, où se déroulent ses drames, est un cercle nettement déterminé. Le coin de la société contemporaine exploré par M. Augier est une région brillante et corrompue, qui comprend à peu près dix mille habitants : il rayonne en province, mais le centre d'où partent ces rayons, le foyer où la lumière se condense, est à Paris.

Doit-on, peut-on reprocher à M. Augier d'avoir fait tenir dans cet étroit espace les méditations de sa vie entière, et d'y avoir cherché la base de presque toutes ses comédies ? Assurément, les grands créateurs ont l'imagination plus puissante ; mais qui donc a jamais prétendu ranger l'auteur des *Effrontés* dans la compagnie souveraine où marchent de pair les Shakspeare, les Corneille et les Molière? Au-dessous des hommes de génie, se trouvent ceux dont le talent est vraiment original et personnel, et M. Augier est du nombre. La force, d'ailleurs, ne se mesure pas uniquement à la vivacité, à la mobilité de l'esprit; elle se mesure encore au poids dont il enfonce dans un sujet; et le mérite alors est d'autant plus remarquable, que le sujet a été mieux choisi. Or, il me semble que, dans ce choix, M. Augier n'a pas eu la main trop malheureuse : il est allé au mal le plus dangereux de la société nouvelle, telle que l'a faite la révolution de 1789, à l'avénement de la ploutocratie, au règne de l'or. Il a donné lui-même dans un discours académique son sentiment tout entier sur l'état présent de la France : « C'est, dit-il, une société toute neuve, sans passé, sans tradition, sans croyance et même sans préjugés; un pays d'égalité où la richesse est devenue le but de toutes les ambitions depuis qu'elle est devenue la seule inégalité possible; en un mot, un peuple semblable à ces nations récentes que l'industrie, la magicienne du XIXe siècle, semble avoir frappées avec la baguette de Circé. » Non pas qu'il soit l'ennemi de la révolution française ; tout le monde sait qu'il est profondément démocrate ; il l'a dit assez haut dans *le Fils de Giboyer*. Loin d'en vouloir à la révolution, il en rêve, il en appelle l'évolution suprême : il aspire à l'établissement d'une aristocratie intellectuelle, succédant à l'aristocratie financière, qui, aux yeux de l'historien futur, ne paraîtrait plus que la transition de l'ancien régime au régime nouveau.

La seule objection qu'on puisse adresser à ce beau rêve, ou plutôt le seul reproche que mérite M. Augier, c'est qu'il n'indique pas les moyens pratiques, les réformes sociales, auxquelles il serait nécessaire de recourir pour installer en ce monde le règne de l'intelligence. Dans la fameuse scène des *Effrontés* où Giboyer expose la théorie de l'auteur, Giboyer n'indique pas le remède du mal qu'il signale avec tant d'éloquence. Le marquis d'Auberive, qui voit loin, s'écrie :

Savez-vous, messieurs, où aboutissent vos théories révolutionnaires, si vous voulez être logiques? A l'abolition de l'héritage.   (III, 1.)

Et voilà Giboyer qui recule et se réfugie dans le domaine des espérances, dans la région de la pensée pure, sans donner au problème social aucune solution. Il croit qu'on n'aura pas besoin de faire subir à l'organisme de la société une opération si douloureuse. Le principe démocratique triomphera à meilleur compte, mais comment?

Je n'en sais rien, déclare Giboyer.

C'est bientôt dit et nous en voudrions davantage.

L'héroïque déclassé, qui est le Figaro de notre temps, a cent fois raison, quand il assure qu'on a fait table rase des abus, mais qu'il reste

A reconstruire une société, c'est-à-dire à organiser la résistance contre la force des choses, en créant une aristocratie en dehors de l'argent.   (III, 4.)

Nous pensons, comme lui, que le courant de l'humanité nous porte de jour en jour à la victoire de l'esprit; mais nous aimerions à connaître les chemins par où l'humanité passera avant d'arriver à ce triomphe définitif.

Je n'insiste pas, d'ailleurs. Il suffit, au point de

vue dramatique, de bien connaître la pensée de
M. Augier, pour comprendre l'importance extrême
du poste où il s'est placé en observateur. Comme
il est manifestement dans le vrai, lorsqu'il signale
dans la ploutocratie la cause du malaise social ; et comme, d'autre part, il est probable que les
causes de ce malaise dureront assez longtemps, on
ne saurait contester la valeur et la durée d'une
œuvre dramatique, où les conséquences les plus
tristes de la ploutocratie ont été si opiniâtrément
et si puissamment démontrées.

« Donnez-moi la matière et le mouvement, disait Descartes, et je crée le monde. » Donnez-moi,
pouvons-nous dire, quand il s'agit d'une tête aussi
logique que celle de M. Augier, les idées qui diri-
gent ce cerveau ; donnez-moi le monde où se fixe de
préférence cet esprit, et je vous livrerai l'explication de son œuvre entière ; car j'en tiens la clef, et
j'en puis faire jouer tous les ressorts. S'il y a une apparence de vanité dans la phrase qui précède, j'en
accepte volontiers le blâme, parce qu'il tourne
pleinement à la gloire de l'écrivain dramatique,
dont les comédies sont assez bien construites pour

inspirer une telle confiance à celui qui en a dégagé la pensée directrice.

Possédé d'une ambition très noble, et frappé des périls qui menacent une société où l'argent a la toute-puissance, M. Augier était naturellement amené à considérer le danger sous toutes ses faces, à suivre le mal dans tous ses effets, ou du moins dans ses effets les plus alarmants. Les parties nobles de l'âme humaine atteintes, la beauté de l'amour méconnue, la sainteté du mariage indignement souillée, le génie atteint parfois dans ses plus généreuses aspirations et prêt à se vendre dans une heure de folie ; la paix des familles soudain troublée par un scandale financier ; le respect des enfants mis à la plus rude épreuve par la révélation du déshonneur paternel ; le patriotisme tourné en dérision, toutes les vérités de la conscience bafouées ; l'empire croissant de la courtisane, imitée dans ses allures, dans son langage et dans ses goûts par la femme du monde ; la fortune des héritières assiégée par les viveurs à bout de ressources ; le cynisme révoltant des escrocs assez habiles pour échapper aux prises de la loi, assez impudents pour s'in-

quiéter peu d'une flétrissure, assez forts pour ren-
trer le front haut dans le monde qui n'ose pas les
repousser ; la vénalité de la presse, les infamies du
petit journalisme ; l'ingratitude de la bourgeoisie
à l'égard de la révolution, la peine qu'ont les
hommes de cœur à percer les filets que la haine et
l'envie leur tendent de toutes parts ; voilà, pour
me borner aux traits principaux, les divers aspects
du spectacle que M. Émile Augier a pu contempler à loisir et jeter sur la scène avec l'indignation et le frémissement d'un honnête homme.

Dès lors, apparaît, dans sa merveilleuse clarté,
à la fois une et multiple, l'œuvre entière de l'écrivain dramatique. Il se tourne aujourd'hui vers une
des faces du mal qu'il a entrepris de combattre, et de
cette contemplation sortent *les Lionnes pauvres*, c'est-
à-dire le mariage deux fois violé dans sa pureté, la
chute de la femme si profonde, l'honneur du mari
si lâchement terni, qu'au jour où Pommeau ouvre les
yeux sur son malheur, le sentiment de l'infamie
l'emporte en lui sur la douleur, et qu'il s'écrie :

Chose horrible ! j'en suis réduit à ne plus compter avec la

chute, tant la faute disparaît devant l'énormité de la honte !

(IV, 8.)

Demain, l'attention de l'observateur se portera sur un effet différent de l'abaissement moral où le règne de l'argent incline et plonge, avec le temps, jusqu'aux âmes les mieux nées ; et **M. Augier** nous peindra l'avilissement graduel d'un gentilhomme qui, d'un amour farouche pour une femme du monde, descend aux basses ivresses des amours vénales, se laisse griser par les mauvais exemples, se livre aux mains d'un spéculateur sans scrupules, joue l'honneur de son nom sur des coups de bourse, et, pressé par l'intrigant dont il a fait son directeur, accepte le plus honteux des trafics, celui du gentilhomme qui achète de son titre une fortune de deux millions.

M. Augier est vraiment un maître dans l'art de peindre ces déchéances à pas comptés, où disparaissent d'abord les scrupules, puis l'honneur même et la dignité, enfin l'âme entière, avec les sentiments les plus forts de la nature humaine : la piété filiale et l'amour de la patrie.

Dans *la Contagion*, c'est un savant, un héros, le meilleur des fils et des frères, qui, à la veille de réaliser un grand projet, se laisse entamer par l'exemple et les conseils de ses amis, livre son entreprise aux Anglais, et semble sur le point de s'abîmer à jamais dans la honte. Frappé soudain dans sa piété filiale, le héros se redresse, et, d'une voix terrible, proclame l'éternelle puissance des vérités morales. Beau réveil après le plus épouvantable des vertiges. — Dans *les Effrontés*, c'est la tolérance honteuse de la haute société pour un homme qu'un tribunal a flétri, mais qui fait peur. — Dans *Lions et Renards*, c'est un journal immonde qui verse l'ordure de ses calomnies sur un héros impeccable, le plus noble des hommes et le plus vaillant des amis. Dans *un Beau Mariage*, c'est une jeune femme qui ne croit plus à l'amour et pour qui le désintéressement est un vain mot. — Dans *Ceinture dorée*, c'est la honte du père qui éclate aux yeux de la fille, comme dans *les Effrontés* aux yeux du fils. — Quelle merveilleuse diversité dans l'unité de l'inspiration ! quelle profondeur d'observation, quelle étonnante aptitude de l'esprit à retourner une idée capitale jusqu'à y faire lever une moisson d'œuvres toujours belles dont quelques-unes sont impérissables !

IV

Comment procède, dans la composition dramatique, cette forte intelligence ? Quand l'idée de la pièce, l'idée générale est apparue à **M. Augier**, et qu'il a vu le milieu où le sujet de son drame pouvait donner son plein effet, ce qui se dresse d'abord dans le cerveau de notre auteur, c'est le personnage central, le type, c'est-à-dire l'homme ou la femme en qui doit s'incarner l'abstraction d'où l'écrivain est parti.

D'autres ont imaginé des scènes entières et des actes avant d'avoir aperçu dans tous ses traits la physionomie de l'acteur principal. Comme ils possèdent au plus haut point le don du mouvement scénique et de l'action, ils écriraient volontiers le plan de l'intrigue jusque dans ses détails, avec des A, des B, des C, pour désigner leurs personnages, se réservant de donner plus tard à ces purs ressorts une forme humaine et des traits particuliers. Chez M. Émile Augier, la pensée, ce me semble, doit suivre une marche tout opposée. Les caractères, chez lui, ne dépendent pas de l'action ; c'est l'action qui dépend des caractères et qui les suit dans leur développement, pour en recevoir un choc irrésistible au moment où les divers personnages, mis en présence les uns des autres et logiquement conduits par la main de l'auteur se heurtent et font éclater le drame.

Mais ces personnages différents ne se présentent certainement pas tous ensemble à l'esprit systématique et peu complexe de M. Augier. Je puis me tromper, mais la lecture la plus attentive de son œuvre me porte à croire que le type le plus important de la pièce, celui du moins qui en personnifie le sujet, se lève seul d'abord dans cette imagination lucide et méthodique. A coup sûr, il se peut qu'autour de cette première apparition les figures saillantes de la comédie ne tardent pas à se dessiner, à se grouper : Séraphine n'a pas attendu longtemps, à ce que je présume, le mari sans lequel elle n'est rien qu'une mauvaise nature, impuissante à développer ses instincts ; mais je suis bien sûr, ou du moins il me semble, selon toute probabilité, qu'avant de voir clairement la physionomie, les habitudes, le métier de Pommeau et son âge, M. Augier voyait parfaitement le monstre de perversité où la pensée maîtresse du drame trouvait un corps, une voix, je n'ose pas dire une âme. Sans reproduire exactement la genèse de sa pièce, l'auteur nous permet de la deviner dans sa préface ; et, si je comprends bien les quinze ou vingt lignes où se découvre à demi ce travail intérieur, il me paraît de la dernière évidence que l'écrivain n'a songé à fixer les traits du mari qu'après avoir composé le personnage de Séraphine.

Il est vrai qu'au sujet des *Lionnes pauvres*, composées en collaboration avec M. Édouard Foussier, les conjectures, ne s'appliquant plus uniquement au talent dramatique de M. Augier, risquent fort de s'égarer. Mais, en général, je suis persuadé que, chez notre auteur, la création marche avec une méthode peu commune : loin de procéder par jets fougueux, elle avance lentement, par l'étude patiente, par l'analyse approfondie du personnage central ; puis elle appelle successivement à la lumière les personnages secondaires, suivant l'importance du rôle qu'ils joueront dans la comédie.

Ces types, dont quelques-uns prendront naturellement un relief vigoureux, et dont les autres ne se présenteront que de profil, forment en quelque sorte, à mesure qu'ils naissent dans l'esprit du poète, un cercle de figures inégales autour du type principal : non un cercle immobile de physionomies inaltérables, mais un cercle en mouvement, et des êtres vivants, ondoyants et multiples. Ils s'agitent tous, sous l'empire de leurs intérêt ou de leurs passions, mais pour entraîner avec eux le personnage central, ou pour lui résister. Ils vivent par eux-mêmes, mais dans le drame où les place l'auteur, ils n'agissent, ne marchent et ne parlent que pour éclairer, troubler, soutenir, châtier ou venger le héros de la pièce, pour en provoquer la pleine expansion et le suprême épanouissement. La peinture du milieu social, les situations de la comédie, la crise et le dénouement : tout, par la simplicité mâle et l'impérieuse logique d'une telle composition théâtrale, dérive de l'idée maîtresse et du personnage essentiel, qui n'est lui-même que l'idée maîtresse faite homme. Il y a, dans une pareille création dramatique, une unité si puissante, un développement si harmonieux, que je n'hésite point à y voir la beauté supérieure des drames de M. Augier. Tout autre mérite, les dons les plus charmants, l'imagination, la fantaisie, l'esprit, l'éloquence (je mets à part, bien entendu, la souveraine originalité du génie) pâlissent devant la force et la sévérité d'un art qui fait reposer l'intérêt de l'action sur le développement fatal et sur la lutte inévitable des caractères. Composer ainsi, c'est véritablement se rapprocher de Molière, et le suivre d'aussi près qu'il est permis au talent le plus élevé de suivre le génie. On est, dans la plus haute acception du mot, un classique, quand on entend de la sorte l'art de la scène.

Les types abondent dans Molière : on en trouve beaucoup chez M. Émile Augier, et je parle ici de ces personnages essentiels qui forment le centre mobile du drame. Dans *les Lionnes pauvres*, c'est la femme de Pommeau, Séraphine, la courtisane mariée, qui va au manège, se présente en amazone dans le salon de son mari, adore les fêtes, n'aspire qu'à éblouir, achète les toilettes des cocottes en détresse à une certaine madame Charlot et fait payer ses dettes par ses amants. Le jour où son mari possède le secret de son luxe et lui offre le pardon le plus complet si elle veut porter avec lui non pas l'indigence, mais la gêne, elle recule d'épouvante devant une réhabilitation de ce genre, et conduit gaiement son désespoir au spectacle. Misérable, que la seule pensée de la misère effraye plus que la mort, type accompli du monstre moral que M. Dumas appelle *la Bête* ; jolie femme qui, dans un mois, comme nous en avertit le théoricien de la pièce, sera entretenue ; qui, dans dix ans, deviendra la prêtresse d'un tripot clandestin, et, dans vingt ans, ira comme une épave de la prostitution, échouer et mourir à l'hôpital. — Dans *les Effrontés,* c'est Vernouillet, le héros de la ploutocratie, flétri d'hier par un terrible jugement de la police correctionnelle ; au premier acte, tremblant encore de sa condamnation morale, accueilli de la façon la plus arrogante par un de ses anciens camarades, qui se nomme Charrier, et décidé à quitter la France pour échapper au mépris qui l'accable ; puis relevé par les conseils du marquis d'Auberive, séchant ses plumes, redressant la tête, et s'envolant d'une aile audacieuse dans le monde, qu'il épouvante et fait trembler à son tour. Regardez-le dans la scène charmante et profonde, où le plus spirituel et le plus impudent des aristocrates, le contemplateur ironique de la société moderne, le remet en selle et lui file sa tirade sur l'effronterie :

> Il faut se faire un front qui ne rougisse plus !
>
> (I, 6.)

Comme il écoute, ce Vernouillet, le honteux catéchisme du marquis !

> L'œil provocant, la voix haute !

lui dit son hautain protecteur, et, de fait, le coquin élève la voix ; et son regard, il n'y a qu'un instant mal assuré, prend je ne sais quelle expression de colère et de défi. Il achètera un journal, *la Conscience publique*, qu'il avait refusé la veille :

Je l'aurai, s'écrie-t-il, et, morbleu ! mes petits messieurs, les rôles vont changer !

Il l'a ; il y installe un noble esprit dévoyé, Giboyer, et la presse, entre les mains de ces deux hommes, est un instrument terrible : un bâton armé d'un poignard. Outil vénal, d'ailleurs, dont Vernouillet vend les services au plus offrant et dernier enchérisseur. Vernouillet est une puissance, et sa puissance est telle, qu'il y a des moments, parole d'honneur, où elle l'épouvante. Un ministre lui écrit qu'il est un caractère ; il peut désormais prétendre à tout, les portes des salons lui sont ouvertes ; il demande la main de Clémence, la fille d'un gros financier, et Charrier la lui accorde. Il passe, il est vrai, de mauvais quarts d'heure : la morale outragée le cingle de sa cravache ; il est châtié par la marquise et par le marquis d'Auberive ; son mariage manque ; mais sa carrière n'est pas terminée, il a le génie de l'intrigue et de la calomnie, il s'est fait un front qui ne rougit jamais ; il a le verbe haut ; il est un des hommes les plus dangereux qu'un honnête homme puisse rencontrer sur son chemin.

Un type incomparable aussi, c'est Olympe Taverny, comtesse de Puygiron, la plus rouée des rouées parmi les courtisanes de haute volée, mais incapable de se transformer et de ravir au monde où elle s'est introduite la grâce suprême, la délicatesse innée. Elle a su tromper un enfant, jouer l'amour, la pudeur même, égarer un gentilhomme jusqu'à se faire épouser par lui ; elle a su dompter, une année durant, tous ses instincts, passer dix mois en Bretagne dans le tête-à-tête le plus complet avec Henri, sans jamais se trahir ; elle a su forcer l'estime et l'amitié du marquis et de la marquise de Puygiron ; mais, au bout de ses conquêtes elle est en quelque sorte vaincue par sa victoire : elle s'ennuie jusqu'à la mort dans ce château héréditaire, où l'on respire un air trop pur ; elle manque de toute prudence ; la courtisane, la bête, reparaît en elle ; c'est un réveil terrible et grotesque. Elle accepte d'un parvenu des bijoux superbes ; elle a la nostalgie de la boue, et, dès

qu'elle le peut, elle foule aux pieds le masque
dans lequel elle étouffe depuis un an ! Dans le salon
de la marquise, à huis clos, sous le rayonnement
des torchères, toutes les grossièretés de sa nature
rompent leurs digues et débordent. Elle se croit
aux Provençaux et se sent renaître, durant ces
heures d'orgie où, seule avec sa mère, avec
Montrichard et je ne sais quel acteur de troisième
ordre, elle lâche, au bruit des couteaux et des
verres, toutes les impuretés de son esprit. Les
scènes où se découvre Olympe Taverny sont d'une
verve sinistrement bouffonne, que M. Augier n'a
jamais égalée. La noble impudeur du tableau nous
montre bien la force avec laquelle notre auteur
pénètre jusqu'au fond des personnages essentiels
de ses drames. Il ne les voit pas d'un seul côté; il
les place sous les jours les plus différents, et n'est
satisfait qu'après en avoir longtemps examiné toutes les faces.

C'est une figure d'une étonnante puissance aussi
que Giboyer, le plus populaire peut-être des types
créés par l'auteur des *Effrontés*. Quelle magnifique
insouciance du bien et du mal, quel large et gai mé-

pris de soi-même dans ce gueux de génie, où fleurit l'amour paternel avec sa délicatesse et son dévouement! Vêtu comme un pleutre, ce démocrate vend sa plume aux légitimistes, et fait litière de son honneur, avec quel esprit et quelle bonne humeur, on le sait! mais il est comme la courtisane qui gagne la dot de sa fille, il veut que Maximilien possède tout ce qui lui a manqué, la dignité personnelle et la considération. Il a fait tous les métiers, retroussé sa manche pour les pires besognes, plongé jusqu'à la ceinture dans les mille industries vaseuses que recèlent les bas-fonds de la société; employé dans les pompes funèbres, contrôleur dans un petit théâtre, secrétaire de *la Conscience publique*, gérant d'un journal radical, c'est-à-dire homme de peine, bouc émissaire de la feuille révolutionnaire; directeur d'un bureau de nourrices, mangeant de la vache enragée dans les bons jours, des cailloux dans les mauvais, mais poursuivant jour et nuit le rêve de son amour caché, l'éducation de son fils. Il s'est immolé sans regrets et sans remords, pour que Maximilien fût docteur ès sciences, docteur ès lettres, docteur en droit.

Que lui importe le reste ! Maximilien a voyagé comme un fils de famille ; et, c'est pour achever son œuvre de tendresse, que cet héroïque déclassé accepte la succession de Déodat, et s'apprête à tirer la canne et le bâton devant l'arche. Il est une plume endiablée, cynique, qui crache et éclabousse. Malgré tout son talent, il n'a pas réussi à être un homme de lettres. Il a des vertus, il a nourri son père, élevé son fils, et il n'a pas réussi à être un honnête homme. Il a sur la société des vues profondes, il a écrit un livre qui est le résumé de toute son expérience, qu'il croit beau et vrai, mais il n'ose pas le signer ; il ne le peut pas : son nom serait pour son ouvrage une tache indélébile. Il lui est impossible aussi de reconnaître ce fils qu'il adore ; sa tendresse même le lui défend. Et pourtant, il a le cœur solide et bien portant, l'esprit réjoui ; il a les fanfares superbes d'une verve romantique. C'est qu'il trouve en lui, avec la plus noble des passions humaines, une foi politique et sociale, que les épreuves de la vie n'ont jamais entamée et qui relève sa fierté.

Si la haute finance, l'adultère bourgeois et la

bohème ont leurs types dans le théâtre de M. Émile Augier, la contagion, cette contagion à laquelle André Lagarde succombe un instant; a le sien : il se nomme d'Estrigaud : et, de tous les personnages essentiels auxquels je m'attache en ce moment, il est le seul qui partage avec Giboyer l'honneur de jouer un rôle dans deux comédies. Il est le principal acteur de *la Contagion*; et, dans *Lions et Renards*, le poète l'oppose à Sainte-Agathe. Il est la quintessence la plus raffinée du joueur et du dandy : boulevardier de grand ton, sceptique de haut goût, viveur admirable de correction froide, gentilhomme et filou, duelliste terrible, comédien de génie, il jette ses filets dans les coulisses, à la Bourse, dans le monde; il entretient une actrice, qui lui rend les services d'un agent secret; il a la main dans cinq ou six grandes entreprises financières, mène un train royal, fait des prosélytes et des victimes, répand autour de lui la corruption et manie l'enseignement du vice avec une rare habileté; il séduit par son grand air, son insolence et sa blague, a des principes dans l'immoralité, prononce des sentences, les frappe en médailles, voit loin dans l'avenir, songe au mariage

comme à la ressource désespérée du joueur aux
abois, tue les autres mais ne se tue pas, disparaît
dans la ruine, mais pour reparaître après une longue retraite, payer ses dettes avec l'argent d'une
noble dame, assiéger la fortune d'une héritière
non moins noble; et, quand toutes ses espérances
sont réduites en poudre, il imite don Juan, et le
dépasse : il charge Sainte-Agathe de le conduire à
Uzès, dans une maison de jésuites. Sainte-Agathe,
qui l'a vaincu, l'admire.

M. de Sainte-Agathe est peut-être, de tous les
scélérats mis en scène par M. Augier, le plus
original et le plus profondément étudié. Laid,
bossu, mais d'une ambition dévorante, il a compris
de bonne heure que la nature l'avait trop mal-
traité pour lui permettre de conquérir dans le
monde une place brillante; jaloux des succès de
son frère, il a mis son intelligence et son dévouement au service de la plus puissante des congréga-
tions religieuses; il s'est résigné aux devoirs obscurs
du préceptorat, mais il a marché dans les ténèbres
jusqu'à la possession d'un pouvoir redoutable.

— Tandis que notre frère l'évêque, lui dit sa

sœur, madame Hélier, s'avançait aux regards de tous, beau, éloquent, sûr de plaire, vous qui n'avez rien de ses dons, vous avez suivi les routes souterraines :

Tandis qu'Ambroise avait le faste du pouvoir, vous en avez sourdement atteint la réalité, et ce fut un beau jour pour vous quand votre taupinière le fit buter dans sa route, qu'il fut obligé de compter avec vous et de subir votre protection envieuse.

(I, 6.)

Il est l'homme des jésuites, subtil, plein de ressources, intègre, mort à tout ce qui est de faste et de sensualité. Il s'est immolé, il a immolé son esprit et sa chair à l'omnipotence de l'ordre, qui est, comme il le dit, son assouvissement! Il ne pouvait rien avec sa volonté individuelle; il l'a abdiquée pour épouser une volonté collective et la servir aveuglément.

Il mourra sans gloire; mais, quand on le portera en terre après une vie d'obscurités et de privations.

Le monde ne se doutera pas que ce cadavre sans nom a fait des orgies de pouvoir, a senti passer dans ses os les plus âcres voluptés du despotisme.

(IV, 7.)

Il est convaincu, d'ailleurs, qu'il travaille à une

grande œuvre, à l'ombre et dans l'intérêt de la compagnie dont il est l'instrument. Cette conviction est le dernier trait du personnage ; elle achève d'en marquer la physionomie.

J'arrête ici le défilé de ces types essentiels où M. Augier personnifie la pensée maîtresse de ses drames. Maître Guérin, madame Huguet, Jean de Thommeray, mériteraient une étude à part ; mais j'ai dû, chemin faisant, esquisser la physionomie de ces personnages, et le crayon que j'en ai tracé me dispense du portrait. Quant aux types secondaires, chargés de mettre en relief le personnage central, de subir son action ou de la combattre, il y en a qui sont venus sous la main du peintre avec une telle richesse de couleurs, avec une telle intensité de vie, qu'il serait intéressant de les considérer avec attention et d'en parler comme il convient. Le marquis d'Auberive, madame Bernard, Roussel, Charrier, Maréchal, la baronne Pfeffers, sont des créations d'une haute valeur, et je regrette de ne pouvoir que les nommer en passant. C'est un grand mérite, en effet, quand on excelle à placer au centre d'une comédie une figure saisissante, de savoir en même temps répandre la lumière sur d'autres acteurs. Il faut à la fois que le personnage principal emplisse la scène et laisse à ceux qui l'entourent assez d'espace et de clarté pour qu'ils s'y développent avec aisance. Voilà, certes, l'idéal en ce point, et j'ose dire que M. Émile Augier y a presque toujours atteint.

Si l'on a quelque chose à lui reprocher, ce n'est pas d'avoir ébauché d'une main trop rapide tel ou tel type ; c'est d'avoir, au moins une fois, à côté du personnage central, éclairé d'un jour si vif un acteur important, mais secondaire, que les proportions dramatiques ne sont plus observées. Je songe à *la Contagion*. — Quel est, en effet, le sujet du drame et son héros ? Le sujet, c'est l'ivresse du luxe et des jouissances malsaines, c'est la fièvre dont brûle et dévore le monde des théâtres, des clubs, de la finance et de la presse. Le héros, c'est André Lagarde, l'homme jeté dans cette grande orgie de la vie parisienne, dont la tête et le cœur se troublent un instant, mais qui, soudain réveillé de sa torpeur, éclate en imprécations vengeresses et sort le front haut du salon de *Navarette*. Voilà bien, ce me semble, le plan primitif de l'œuvre et son vrai dénouement. Mais il fallait que le poète personnifiât les périls auxquels il expose André dans une figure saillante. D'Estrigaud s'est levé devant lui avec le charme et l'insolence de sa terrible immoralité; et M. Augier l'a caressé avec un tel amour, il l'a fouillé avec une telle pénétration, il lui a donné, enfin, un rôle si considérable, que l'unité de l'action s'est rompue et qu'au dernier acte l'intérêt se déplace pour se porter tout entier sur les intrigues et les roueries du baron. Au lieu de s'arrêter à la victoire morale d'André, le drame se prolonge au delà de ses limites naturelles, jusqu'au point où le sort de d'Estrigaud est fixé.

V

Obligé de passer outre, je voudrais au moins signaler et grouper les jeunes filles les plus curieuses de ce théâtre.

Il y en a de charmantes. La sœur d'André Lagarde, Aline, a l'innocence, la grâce et la bonté qui reposent et qui rafraîchissent. Elle est un coin de lumière pure, une brise embaumée dans le drame où s'agite d'Estrigaud. Le cœur, le front et le doux parler d'une vierge : la voilà tout entière. On l'aimerait avec une tendresse mêlée de respect, on l'épouserait avec joie. Elle serait une femme adorable, une mère dévouée, la poésie vivante du foyer domestique. Elle nous apparaît à l'âge où la passion s'éveille dans l'âme en fleurs; fine, pénétrante, d'une exquise raison, d'un calme poétique, elle aime simplement, à son insu, et c'est à la douleur que lui cause André en lui conseillant de renoncer à son amour, qu'elle reconnaît ce qui se passe en elle. Clémence Charrier est bien séduisante, plus séduisante encore, car elle est un instant menacée d'épouser un homme qu'elle déteste, et sa résignation éveille une pitié profonde; on la plaint autant qu'on l'aime. Elle aussi, la pauvre enfant, la passion l'a saisie, une passion longtemps malheureuse, inspirée par l'admiration, par l'enthousiasme. Ce qui l'a ravie dans M. de Sergines, c'est le talent et la loyauté de l'écrivain; M. de Sergines est, comme elle le dit, *un caractère*; elle serait fière de lui appartenir, d'appuyer sa faiblesse sur ce grand cœur. Elle connaît le monde, beaucoup plus qu'Aline, car elle n'a pas été élevée en province; elle a grandi dans les salons de la haute finance, elle a vu de près bien des lâchetés et des effronteries; elle a réfléchi; et, loin d'affaiblir en elle le sentiment et le respect des vérités morales, les molles complaisances de la société où elle a vécu lui ont inspiré l'amour et le culte de l'honneur. L'honneur ne comporte pas de hasard, dit-elle; il est perdu dès qu'il est joué. Dans la douleur, elle travaille à se relever. Elle ne se livre pas aux séductions mauvaises de la mélancolie; il lui semble qu'elle n'a pas le droit de se consacrer à ses tristesses. Contrainte un instant de renoncer à ses rêves, elle ne demande plus au mariage qu'une chose, qui est de pouvoir estimer son mari.

La petite-fille du marquis de Puygiron a bien du charme encore, mais elle incline un peu trop vers le romanesque. Cœur très haut, imagination mystique. Il se mêle à la dignité de son amour pour Henri un je ne sais quoi de maladif qui inquiète. Elle écrit le roman de sa vie, et ces confessions ont bien leur danger. La tête travaille, le cœur s'exalte dans ces entretiens solitaires où l'âme se contemple et se parle.

Mais les plus originales des jeunes filles mises en scène par M. Augier sont celles qui, sans aller jusqu'à l'âpre scepticisme de Fernande ou de Clémentine Bernier, ont l'esprit éclairé et l'âme triste; cel-

les qui ne prennent point la vie pour un roman, mais
pour ce qu'elle est, et qui, trempées par les plus
rudes épreuves, offrent l'accord précieux

> D'une jeunesse en fleur et d'un cœur sérieux.
> (La Jeunesse, III, 7.)

Telles nous apparaissent Cyprienne et Francine
Desroncerets. Cyprienne est la nièce de madame
Huguet; orpheline à douze ans, elle a subi la dis-
cipline du malheur;

> Et son esprit, maté par la vie au début,
> Aux chimères du cœur n'a pas payé tribut.   (III, 7.)

Elle n'a rien de romanesque, mais elle aime profondément : elle défend la jeunesse, c'est-à-dire la
vertu, le désintéressement, le courage; elle est at-
tristée de l'égarement auquel Philippe est en proie,
de ses déclamations contre les généreuses espérances et les belles illusions de la vingtième année;
c'est une femme de tête et de cœur. Elle sait, dans
l'abandon, souffrir sans se plaindre; et, quand
Philippe lui revient et la supplie de l'aimer, elle
oublie les plus justes ressentiments d'une âme
blessée; elle comprend à l'accent de la voix la
sincérité du repentir. Son fiancé, prenant la na-

ture entière à témoin, lui découvre son âme et lui dit :

> Je suis un jeune homme heureux et sans envie,
> Ne demandant à Dieu que de gagner ta vie,
> Et défiant le sort d'atteindre son bonheur
> Enfoui désormais tout entier dans ton cœur.
>
> (V, 4.)

Elle tend la main en souriant, et s'écrie :

> Soyez témoins pour elle,
> Bois pleins d'ombre et de mousse où vit la tourterelle.

Francine Desroncerets est l'héroïne de la piété filiale. Fille d'un inventeur toujours malheureux, que ses expériences ont ruiné, elle a renoncé au mariage, aux joies de la maternité, pour se vouer tout entière à ce vieil enfant. Elle a placé sa dot à fonds perdu. Elle est douce et tendre, pleine de ménagements exquis pour les rêves de son père. Elle a toutes les vertus de l'Antigone antique.

Francine et Cyprienne sont les plus touchantes des jeunes filles du théâtre dont il s'agit ici ; Fernande Maréchal et Clémentine Bernier en sont les plus étranges et les plus hardies. La fille de Desroncerets et la nièce de madame Huguet croient au désintéressement, à l'amour. Clémentine n'y croit pas. Elle ne recule pas devant le mariage, elle s'y résigne, parce qu'il n'y a pas d'autre carrière pour une jeune fille. Quant à la passion, c'est pour elle une chimère, un mot vide de sens. Elle ne prend jamais que la moitié des compliments qu'on lui adresse ; elle sait que sa personne et la dot qu'on lui suppose forment un assez joli total. Elle range les hommes en deux catégories :

La première, qui regarde la fortune et puis la femme, et la deuxième qui regarde la femme et puis la fortune.

A son mari, elle ne demandera, dit-elle, que de n'être pas gênant chez lui et pas ridicule au dehors. — Plus amère encore est Fernande : remarquable, à coup sûr, par l'intelligence et par la fierté, comme toutes les jeunes filles de M. Augier, mais flétrie dans son innocence par une sagesse précoce. Charitable et hautaine, loyale avant tout, mais beaucoup trop clairvoyante et trop instruite pour ne point étonner parfois ceux qui n'ont pas deviné sous l'orgueil la source vive d'où peut jaillir l'amour.

Quel singulier produit de la civilisation, s'écrie Maximilien, ce front pur, ces yeux limpides et cette âme fanée !

Que voulez-vous ! elle a perdu la sainte ignorance du mal, parce que son enfance n'a pas été couvée par une mère ; parce qu'une étrangère s'est assise entre elle et son père, parce qu'elle a vécu dans une souffrance au-dessus de son âge. Il s'est livré dans sa tête des combats qui ont, comme elle le dit, changé le sexe de son esprit. Elle soupçonne Maximilien de faire la cour à sa belle-mère : elle le méprise et la méprise. Elle a de l'honneur un sentiment viril, et de l'humanité la plus triste opinion. Figure intéressante, à coup sûr, mais où la grâce de la jeune fille n'a pas laissé la moindre trace.

Qu'on ne s'y trompe point, je n'entends pas exprimer un blâme. M. Augier a fixé son regard sur des exceptions, en nous peignant Fernande et Clémentine Bernier : c'était son droit ; il n'avait qu'un devoir, qui était de les bien peindre, et ce devoir, il l'a rempli. Mettant sur la scène un monde particulier, il nous a présenté des vierges très particulières, il est resté fidèle à la vérité. Peut-être y a-t-il, dans cette parfaite sincérité d'un artiste sans peur, une rudesse qui afflige les imaginations romanesques ; mais, pour moi, cette âpreté me plaît, comme un des côtés les plus réels de la vie. Qu'importent, après tout, les objections des esprits qu'épouvante la peinture des plaies sociales? Il est aussi ridicule de reprocher aux réalistes la vigueur de leur pinceau qu'il le serait de chicaner un poète lyrique sur la fantaisie superbe de ses créations. Le domaine de l'art est infini comme le monde : l'homme et la nature, l'action et le rêve, le devoir et la passion, tout ce qui vit appartient à l'artiste. Qu'il y puise à son gré l'amertume ou la joie! Nul ne saurait, sans faire sourire la critique moderne, interdire au poète telle ou telle région. On doit le reconnaître pourtant : M. Émile Augier n'est pas le poète de la vraie jeune fille, de l'innocence parfaite, relevée de grâce et d'esprit. J'ai vanté le charme d'Aline et celui de Clémence Charrier, mais ces délicieuses figures restent isolées dans le théâtre dont il s'agit ici, et, si par deux fois la main de l'auteur a trouvé les touches exquises dont il faut peindre un type de vierge, ce sont là deux bonnes fortunes. Les jeunes filles de M. Augier n'ont pas, d'ordinaire, ce je ne sais quoi de frais et de pur qui nous ravit dans l'Antoinette des *Vieux garçons*, dans la Marguerite des *Ganaches*, dans la Geneviève de *Nos bons villageois*. Loin de moi l'intention de reprocher au rude observateur des contagions contemporaines l'allure et le ton de Blanche Fourchambault ; libre à lui, pour nous faire mieux sentir l'action du club et du sport, de placer dans la bouche de Blanche l'argot du boulevard et certaines plaisanteries de garçon ; mais enfin on est obligé d'accorder que les vierges de M. Augier, celles qui, certainement, représentent à ses yeux l'idéal de la jeune fille, ont l'esprit trop éclairé et nous étonnent par les maximes d'une sagesse étrange. Oui vraiment, elles sont trop raisonneuses. Il y a maintes choses en ce monde qu'elles feraient bien d'ignorer. Je pourrais chercher mes exemples dans *Philiberte* ; mais, pour aller droit au plus saisissant, il me déplaît que, dans *l'Aventurière*, une enfant de seize ans soit chargée de flétrir les courtisanes et d'exalter l'héroïsme des misères vertueuses. Donnez à Célie dix années de plus et son langage se comprendra. Assurément, elle parle au nom d'une morale austère ; rien n'égale son mépris pour les défaillances de l'honneur féminin ; et cependant quelque chose se révolte en nous et proteste contre la science prématurée de cette enfant. Qu'une femme ait des clartés de tout, Molière le désire, et nul aujourd'hui ne s'y oppose ; mais, de grâce ! n'allons pas déflorer ce qui fait l'irrésistible séduction de la jeune fille : ce serait une profanation. Notre auteur le sait aussi bien et mieux que nous ; par malheur, il a fait souvent comme s'il ne le savait pas.

Si les jeunes filles de son théâtre sont des femmes plutôt que des jeunes filles, les femmes qu'il a le mieux représentées sont des coquettes, des cocottes, des coquines ou des monstres. Sans doute, il y a chez lui des femmes ravissantes : la fille de M. Poirier est une merveille de grâce et de noblesse, et la marquise d'Auberive porte dans un amour illégitime une dignité qui impose le respect ; mais enfin la marquise n'est pas irréprochable, et la fille de M. Poirier doit peut-être à M. Sandeau une bonne part de son charme. En tout cas, elle est une exception dans l'œuvre de M. Augier. Les jeunes femmes qu'il a mises en scène n'ont rien de son ingénuité. Les moins coupables, Gabrielle, par exemple, et la marquise Annette de Galeotti ne sont pas faites pour inspirer aux célibataires le désir du mariage : l'une, petite bourgeoise assez ridicule, en somme, est beaucoup trop romanesque pour la tranquillité d'un mari ; et, quant à Annette, si elle triomphe dans la scène terrible où d'Estrigaud essaye de la perdre, il faut avouer qu'elle a mérité l'outrage dont elle est l'objet. C'est le châtiment des Célimènes de tomber, tôt ou tard, dans un piège infâme, quand elles ne vont pas d'elles-mêmes, par insouciance et par légèreté, jusqu'aux abîmes de la passion. Pour avoir joué la folie, Hamlet finit par devenir fou ; pour badiner avec l'amour, la baronne de Montlouis s'enflamme et se livre à Jean de Thommeray, qui l'abandonne bientôt pour une belle fille aux cheveux d'or, Blanche de Montglave. Voilà les femmes du monde peintes par M. Émile Augier. Quant au monde des actrices et des courtisanes, il tient dans son œuvre une large place. C'est Blanche de Montglave, *Navarette* et ses amies : c'est tout le quatrième acte de *la Contagion*. Mais où notre auteur excelle, c'est quand il jette sur le théâtre une baronne Pfeffers, une Olympe Taverny, une Séraphine Pommeau.

J'ai crayonné plus haut ces deux dernières figures, qui sont incomparables. Jamais la touche de M. Augier n'a été plus énergique et plus superbe. Jamais on n'a poussé plus loin le réalisme sur la scène. C'est du Balzac, et du meilleur, d'une vie frémissante et d'une épouvantable beauté. — Qu'on m'entende bien, je n'en veux nullement à M. Émile Augier de nous avoir présenté avec un talent supérieur l'aventurière, la courtisane et la lionne pauvre. Je me borne à noter un trait de sa nature, qui est frappant : un goût tout particulier, quand il aborde la femme, pour les physionomies violentes, perverses et tourmentées.

Sans doute on trouve dans sa dernière comédie une création d'une sérénité parfaite, madame Bernard, âme limpide, troublée dans sa jeunesse par un amour indignement trahi, mais que la douleur et le devoir ont calmée depuis longtemps et purifiée. La femme et la mère ont réparé la faute de la jeune fille. Elle n'a pas seulement souffert et pleuré, elle a formé un homme, un héros. Elle l'avait enfanté dans les larmes, elle l'a élevé dans la solitude et le renoncement, elle l'a suivi dans la vie, elle a été l'ordre et l'économie de sa maison, la joie de son cœur, l'inspiration de son esprit. Elle a fait plus : elle a pardonné à celui qui, après l'avoir déshonorée, la condamna sans l'entendre, la chassa de sa pensée et du même coup la bannit du monde. Elle lui a pardonné, et veut que son fils lui pardonne ; elle veut qu'il lui tende la main dans l'infortune et qu'il le sauve de la ruine. Madame Bernard est, dans l'œuvre de M. Augier, une création nouvelle : le type le plus beau de la mère qui se puisse imaginer. Mais la mère n'est pas la femme ; comme l'a justement dit M. Dumas, « la mère n'a pas de sexe dans la pensée de l'homme ; elle y est d'ordre divin ».

M. Émile Augier, qui ne met pas volontiers le public dans la confidence de ses inclinations, n'a pas livré son opinion sur les femmes. Il n'a pas déclaré, comme M. Sardou, qu'il les adorait, qu'il avait pour elles un culte ; comme M. Dumas, qu'il les aimait sans les estimer beaucoup. Mais, à tout considérer, ce n'est pas la femme qui a le beau rôle dans son théâtre, c'est l'homme. A coup sûr, il a mis sur la scène de fiers coquins : les principaux types dont je me suis occupé tout à l'heure, Vernouillet, d'Estrigaud, Sainte-Agathe, valent bien, dans leur genre, Olympe et Séraphine ; mais, en regard de ces ambitieux et de ces filous, quelles nobles et grandes âmes ! Les plus hauts sentiments de la nature humaine, la piété filiale, le dévouement à l'humanité, l'amitié, l'amour et l'héroïsme, M. Augier les a personnifiés dans un certain nombre de personnages qui ont séduit et séduiront longtemps : le fils de maître Guérin, Champlion, Bernard, André Lagarde et Pierre Chambaud. Voilà les divers types de l'homme tel que notre auteur voudrait qu'il fût. Loyauté, courage, bonté, ils ont toutes les vertus viriles, toutes les tendresses aussi. Esprits lucides, âmes profondes et naïves, ils aiment comme ils travaillent, ardemment, pieusement. André Lagarde et Champlion sont des savants et des héros ; Pierre Chambaud est un savant et un homme d'honneur ; Bernard les vaut ; et, quant à Louis Guérin, il aime comme Alceste, d'un de ces amours qui envahissent l'être entier et arrachent des larmes aux plus vaillants. André Lagarde et Louis Guérin n'ont pas eu l'heureuse fortune de rencontrer un ami de leur trempe, mais les autres ont un confident de leurs pensées, un compagnon de leurs travaux qu'ils entourent d'une affection passionnée. Le dernier acte d'*un Beau Mariage* est un hymne à l'amitié, et vraiment c'est une belle chose que l'amitié de deux hommes l'un pour l'autre ! Sentiment paisible et fort, mâle et doux, que M. Émile Augier a compris, senti, chanté mieux que nul autre aujourd'hui.

Dans une étude sur le naturalisme au théâtre, M. Zola s'est moqué de ces héros d'honneur et de tendresse. « Tout cela est très beau, dit-il, très touchant ; seulement, comme documents humains, tout cela est très contestable. La nature n'a pas ces raideurs dans le bien ni dans le mal. On ne peut accepter ces personnages sympathiques que comme une opposition et une consolation. » Or, pour M. Zola, cette théorie des contrastes est une convention qu'il s'agit d'abolir au plus vite, pour faire disparaître le mensonge de la scène et y installer victorieusement la vérité.

Je n'aurai garde de répondre à M. Zola, en lui

parlant du goût public et de ces instincts de vague idéalisme que la foule porte au théâtre. Je suis persuadé que la loi des oppositions n'est pas une règle inviolable, qu'un drame tout plein de frissons et d'horreur peut s'imposer. Mettons que la tentative ait ses périls, rien ne prouve que le succès en soit impossible. Pour déranger les habitudes de la foule, il suffira toujours qu'un grand talent se lève. Si le public résiste un peu, soyez sûrs qu'il ne tardera pas à se soumettre. Dans *la Haine*, M. Sardou ne s'est pas soucié, je crois, de cette théorie des contrastes ; l'épouvante règne d'un bout à l'autre de l'action. Le drame a échoué, mais il n'y a pas un critique aujourd'hui qui n'en reconnaisse la valeur. Aussi, je suis d'accord avec M. Zola, s'il veut bien pour un instant borner la question à ces types purement conventionnels qui, d'ailleurs, se rencontrent rarement dans les bonnes œuvres du théâtre contemporain ; mais je ne vais pas interdire au poète l'emploi des personnages sympathiques, quand il les prend aux entrailles de l'humanité. Soyons justes envers ceux qui ont transformé l'art dramatique depuis vingt-cinq ans. Ils ont livré leurs plus beaux combats au nom de la vérité contre les conventions. Le jour où parut *la Dame aux Camélias*, une révolution capitale s'accomplit, et, depuis ce coup de génie, on n'a pas cessé de marcher dans la voie de vérité ouverte par M. Dumas. Seulement, MM. Dumas, Augier et Sardou n'ont pas estimé que l'humanité ne fût que plaies et sang ; ils en ont pris une vue plus large et partant plus vraie ; ils ont senti frémir et pleurer la vertu, qui est humaine autant que le vice, et durable comme lui. M. Augier, pour revenir à notre auteur, a vu des hommes de cœur, comme il a vu des scélérats ; les ayant vus, il les a peints ; il a bien fait. Si les types de Champlion, d'André Lagarde, de Bernard, étaient banals par quelque endroit, M. Zola aurait raison ; mais, qu'avant de condamner le poète qui les a créés, il nous démontre qu'ils ne vivent pas d'une véritable vie.

Suivez le raisonnement de M. Zola jusqu'à ses limites, et vous en saisirez immédiatement le vice secret. A vouloir bannir tout personnage sympathique, on irait droit à blâmer Molière de sa créa-

tion la plus remarquable, qui est Alceste. On re-
procherait à Shakspeare la Cordelia du *Roi Lear*,
la Desdemona d'*Othello*, l'Ophélie d'*Hamlet*, qui
ont le tort irréparable de ravir l'âme et d'enchanter
l'esprit. Le Cid de Corneille, son Polyeucte et sa
Pauline sont inexcusables ; on les aime ! — Sans
doute, M. Zola réclamerait : Shakspeare, Corneille,
Molière n'ont rien à voir en un pareil sujet. — Je
le reconnais, ces grands hommes ignoraient la formule naturaliste ; mais alors, que doit-on penser
d'un système littéraire tellement étroit qu'il faut en
exclure les monuments les plus beaux de toutes
les littératures pour n'en pas faire craquer la char-
pente ?

Assurément, l'art se modifie avec les temps et
les civilisations. Nous tenons, aujourd'hui, à ce
qu'on observe, pour la représenter, la société contemporaine ; mais, si les sociétés changent, le fond
de la nature humaine ne change pas. Par conséquent, il est bien permis à nos auteurs dramatiques de peindre, avec la physionomie de notre
époque, cette vérité éternelle qu'ont étudiée avant
eux les plus illustres génies d'autrefois.

L'action, dans M. Émile Augier, reposant tout entière sur le jeu des intérêts et des passions, sur le développement et sur la lutte des caractères, est simple, austère et vigoureuse. Elle s'avance sans violence jusqu'aux situations inévitables qu'elle porte en elle et que l'auteur amène et prépare avec un parfait mépris de toute supercherie dramatique. On a beaucoup loué ce dédain des habiletés vulgaires, cette lenteur sereine des expositions, cette absence d'agitation factice et de mouvement extérieur. Je ne ferais à cet éloge aucune réserve, si l'auteur avait toujours atteint à la perfection dans l'art difficile de provoquer l'intérêt sans trop précipiter l'action. Mais parfois l'intérêt ne naît point assez vite, le chemin paraît un peu long jusqu'aux beaux coups de théâtre où l'on arrive enfin. Dans *le Mariage d'Olympe*, dans *les Lionnes pauvres*, l'idéal de la composition dramatique, telle que l'entend M. Augier, est réalisé, et nous admirons alors sans restriction ce qu'on peut imaginer de plus fort au théâtre : un drame où l'émotion s'éveille dès le début et s'accroît d'acte en acte, de scène en scène, jusqu'aux explosions de la crise et du dénouement. Nous comprenons que l'art ne saurait aller plus haut; mais souvent nous regrettons de ne point trouver quelque chose de la mobilité, de la fantaisie de M. Sardou; et, d'autres fois, il nous plairait aussi que les scènes comiques fussent emportées d'un souffle plus hardi et plus fougueux. Il y a beaucoup d'esprit, des mots charmants, de fines reparties dans le dialogue de M. Augier; mais l'originalité puissante du grotesque, les bouffonneries sonores, étourdissantes, qui nous écrasent de leur poids et secouent la salle d'un rire immense, répugnent au talent trop littéraire peut-être de l'écrivain que nous étudions ici. Une fois seulement, au second acte du *Mariage d'Olympe*, sa verve s'est élevée jusqu'à une sorte de lyrisme; mais une fois n'est pas coutume, et c'est là justement ce qui nous chagrine un peu. Le burlesque joue dans la vie un rôle si considérable; il y est, si je puis ainsi parler, un si gros personnage, que M. Émile Augier aurait bien fait de lui donner dans son théâtre une plus large place.

J'ignore ce que l'auteur des *Effrontés* nous donnera maintenant; mais il n'est pas de ceux dont l'avenir intéresse plus que leur passé : il est si doux de contempler ce qu'il a fait, qu'on attend sans impatience ce qu'il se propose de faire.

LE THÉATRE

DE

M. ALEXANDRE DUMAS FILS

LE THÉATRE

DE

M. ALEXANDRE DUMAS FILS

I

Né d'une erreur, comme il le dit lui-même, et, par la tournure de son esprit, assez disposé à s'attribuer une sorte de mission parmi les écrivains de notre âge ; hardi, inquiet, élevé d'une étrange façon par un écrivain de génie, initié de bonne heure aux mystères du haut libertinage, et violemment attiré vers ce que Gœthe appelait l'Éternel féminin ; observateur d'une pénétration rare, philosophe aventureux, volontiers mystique, tourmenté sans cesse par deux livres qu'il aspire à mettre d'accord, le Code et l'Évangile ; interprétant, d'ailleurs, l'Évangile et la Bible au gré de ses théories, séduit par les images apocalyptiques, prophète et boulevardier, révolutionnaire et déiste, socialiste et conservateur, M. Dumas fils, au point de sa carrière où nous le trouvons aujourd'hui, nous présente une œuvre extrêmement originale et complexe, toujours séduisante, étincelante d'esprit, d'adresse et d'audace, avec des parties admirables et, ce qui vaut mieux encore, avec deux ou trois pièces de premier ordre.

L'art, chez lui, est extrême ; mais ce qui domine, c'est le tempérament, la personnalité. Par une singularité dont il se félicite dans sa lettre à M. Cuvillier-Fleury, il est entré dans le monde sans avoir reçu l'empreinte de l'instruction universitaire ; et, partant, il n'a pas eu, comme M. Émile Augier, à se débattre durant de longues années contre l'inévitable influence d'une éducation classique, avant de dégager pleinement son originalité. Du premier jour, avec *la Dame aux camélias*, il s'est avancé sur la scène en triomphateur ; ouvrant, sans y songer peut-être, une voie nouvelle à l'art dramatique, et jetant à l'admiration de la foule une œuvre jeune, vivante, prise aux entrailles de l'humanité. La formule qu'on attendait, après la révolution littéraire accomplie par le romantisme ; le drame bourgeois auquel le drame héroïque devait mener tôt ou tard ; la recherche de la vérité, la peinture de la société présente, substituées à la résurrection plus ou moins conventionnelle du moyen âge et de la renaissance : voilà ce qu'apportait, en 1852, ce débutant, dans une incarnation toute moderne de la courtisane amoureuse. Le succès fut immense, et l'entraînement général. M. Émile Augier, qui se cherchait lui-même depuis huit ans et flottait d'imitation en imitation, moitié romantique et moitié classique, eut comme un éclair et vit le chemin où il fallait marcher. Pour employer un mot qui prête à bien des malentendus, mais qu'il est malaisé de remplacer, le réalisme prenait possession du théâtre. La prose s'y installait, et Paris allait assister au spectacle impitoyable de ses misères et de ses plaies.

Depuis lors, M. Dumas n'a pas cessé de remuer et d'étonner le public. Il l'a tour à tour, et parfois en même temps, inquiété, charmé, ébloui, scandalisé. Sincère et paradoxal, poussé par son tempérament comme par une fatalité, impérieux et subtil, il s'est porté vers les questions sociales avec une fougue irrésistible, une verve ironique et hautaine. Entre ses mains, le théâtre s'est transformé. Il a pris une portée nouvelle : personnages, coups de théâtre, dénouement, tout a marché vers la démonstration d'une idée sous la main toujours visible de l'auteur ! Le drame a sonné la charge et la victoire au nom d'une thèse. De là, des controverses retentissantes, les journaux en campagne, les préfaces, les lettres, tout le fracas d'une mêlée. M. Dumas s'est obstiné, enfoncé dans ses doctrines, défendu avec âpreté, enivré du bruit du combat. En ses préfaces, il a flétri, accablé de ses anathèmes notre civilisation pervertie. Puis, en des œuvres où l'imagination de l'auteur nous donne comme le cauchemar de la réalité, il a dressé devant nous la « Bête, » le monstre éblouissant de beauté, qui déshonore et tue. Cette incarnation du mal, cette grande prostituée, il l'a mise aux prises avec le « vibrion » qu'elle détruit, avec la famille qu'elle trouble et veut anéantir, avec l'homme de génie qu'elle trahit, mais qui en fait justice. Il a chargé contre elle le fusil de *Claude*, dans un drame symbolique et religieux, dont les personnages ne sont plus des hommes, mais des entités [1]. Pièce à demi fantastique, où devait naturellement aboutir, sous l'empire croissant de ses réflexions et de ses rêves, la pensée de notre écrivain.

En ce sens, *la Dame aux camélias* est à part dans le théâtre de M. Dumas. L'auteur n'y formule pas en termes précis le dogme romantique de la rédemption par l'amour; mais ce qui anime l'œuvre entière, c'est un sentiment de tendre bienveillance à l'égard de la courtisane « quand Dieu prend pitié d'elle et lui envoie le repentir ». (III, 4.) Marguerite Gautier évoque en nous le souvenir de Marion Delorme, et, comme l'héroïne de Victor Hugo, elle pourrait s'écrier, au troisième acte :

> Mon « Armand », près de toi rien de moi n'est resté,
> Et ton amour m'a fait une virginité.

Sans doute, en ce drame passionné, la passion se heurte contre les lois du monde, et s'y brise. Au choc de la réalité, les rêves de Marguerite s'envolent; le bonheur qu'elle avait cru saisir lui glisse

1. C'est l'expression même de M. Dumas. (Lettre à M. Cuvillier-Fleury.)

des mains ; elle expie les folies de son passé et meurt de son sacrifice. Mais, ici, le triomphe de la famille sur les entraînements du cœur n'a qu'un effet, qui est de nous attacher davantage à cette malheureuse créature ; et certes, dans le duel du devoir et de l'amour, dans la scène où M. Duval ordonne à Marguerite de se soumettre au destin, le public, loin de se rendre aux raisons du père, soutient de sa pitié la maîtresse. Quand elle s'est résignée, il l'admire. Enfin, lorsqu'elle succombe à la maladie, rien n'égale notre douleur, et la courte oraison funèbre de Nichette ouvre le ciel à la femme déchue, que la passion relève et purifie : « Dors en paix, Marguerite ! Il te sera beaucoup pardonné, parce que tu as beaucoup aimé ! »

M. Dumas doit reconnaître que *la Dame aux camélias* n'inspire pas l'horreur et le dégoût de la courtisane. Plaindre, dit-il, n'est pas glorifier. Assurément ; mais le mot qui termine le drame va plus loin que ne le prétend l'auteur aujourd'hui. J'admets sans peine qu'il n'ait pas eu l'intention d'accorder aux beautés faciles du boulevard les honneurs de l'apothéose, et que Marguerite lui parût une exception. Remarquons toutefois qu'il était facile de s'y tromper ; le rôle d'Armand a tenté bien des imaginations. L'impression que laisse, en effet, *la Dame aux camélias*, c'est qu'un honnête homme a chance de rencontrer, parmi les demoiselles du quartier de l'Europe, un cœur assez noble encore pour recevoir le doux enseignement de l'amour et s'élever aux vertus de la passion. Que M. Dumas reproche au public de s'être mépris, libre à lui ; mais il aurait fallu que la pièce nous mît en garde contre l'illusion ; et je suis persuadé qu'au temps déjà lointain où il nous présenta Marguerite, il ne sentait point envers les courtisanes la haine vigoureuse qu'il leur a marquée dans la suite. Le plaisir l'intéressait alors plus que la morale. Le point est délicat, mais l'auteur a parlé de lui-même avec une telle abondance, on trouve en ses préfaces des aveux si nets, que, sans appuyer, il est permis à la critique de noter au passage ce dont il a si volontiers entretenu le lecteur. Or, en l'année 1848, il ne songeait guère à réformer le monde. Manon Lescaut lui plaisait au moins autant que la Bible, et la préface de son premier drame nous fait entendre qu'il subit le charme de la belle pécheresse qui fut l'original de Marguerite Gautier.

Au reste, il se détacha vite du coin de la société où lui était apparue Marie Duplessis : et, passant de l'indulgence à la sévérité la plus intraitable, il s'arma brusquement en guerre contre le monde malsain qu'il avait d'abord caressé. Il rompit l'alliance en 1855, et ne cessa plus de combattre ce qu'il nomme la prostitution. Il peignit la baronne d'Ange ; il nous troubla au spectacle d'une ambition terrible, qui ne recule devant aucune infamie pour tromper un honnête homme et lui voler son nom. Puis, sous les traits d'Albertine, il nous montra la vraie courtisane, celle qui ruine les viveurs des clubs, menace l'honneur du foyer, éloigne le père du fils, et de jour en jour arrondit la fortune qu'elle prépare à sa vieillesse. Mais, pour M. Dumas, la prostitution s'étend bien au delà du cercle restreint où s'agitent les Albertines : elle a pénétré dans tous les mondes, elle a pris tous les masques, elle s'est réfugiée dans le mariage, comme dans une forteresse, sous la protection involontaire de la loi et de l'Église. C'est la comtesse de Terremonde, cette aventurière sans pudeur et sans entrailles, qui fait payer à son mari les faveurs qu'il sollicite, rend fou d'amour le prince de Birac, et, sans aucun souci du bien et du mal, de l'honneur et de la vie des gens, suit la voie d'épouvante et d'horreur où la poussent ses instincts. C'est la femme de Claude, entassant sur sa route les hontes et les crimes jusqu'au jour où elle tombe dans le sang, frappée en pleine infamie.

Quand il eut composé *la Femme de Claude*, M. Dumas jeta sur son théâtre un long regard, et, de ce pic à demi perdu dans la nuée, son œuvre lui apparut comme une ligne inflexiblement droite, sur laquelle se levaient de loin en loin les types incomplets d'une pensée que Césarine représentait tout entière. La baronne d'Ange, Albertine, la comtesse de Terremonde avaient frayé le sentier où rayonnait enfin la personnification absolue du mal qui travaille et dissout, aux yeux de l'auteur, la société présente. Alors M. Dumas se réjouit ; et, devant l'heureuse harmonie de son théâtre, il se figura que, depuis vingt ans, il rêvait de créer cette

figure de Césarine. Oui, depuis *le Demi-Monde*, —
il le déclara de très bonne foi, dans sa lettre à
M. Cuvillier-Fleury[1], — il aspirait à condenser un
jour l'essence même de sa pensée dans une comédie d'un genre nouveau, et, pour préparer la foule
à cette audace suprême, il avait procédé par essais
de plus en plus hardis, avec la sage lenteur d'un
politique.

Tout cela est d'une précision excessive : M. Dumas n'a certainement pas conçu dès 1855 un plan
général ; il a marché presque fatalement jusqu'aux
limites extrêmes de la voie où il s'était engagé après
Diane de Lys ; voilà la vérité. Car il est de ceux qui
vont jusqu'au bout : lorsqu'il a mis le pied dans un
chemin, l'emportement de sa nature le condamne en
quelque sorte à ne pas s'arrêter. Quand il dénon-
çait la baronne d'Ange et la châtiait, il ne s'écriait pas
encore : « Nous allons à la prostitution universelle[2]. »
Et treize ans séparent *le Demi-Monde* de la préface
dans laquelle il demandait : « Où est la jeune fille,

1. La lettre à M. Cuvillier-Fleury est en tête de *la Femme de Claude*.
2. Préface de *la Dame aux camélias*. (Décembre 1867.)

où est la vierge, où est la femme forte, levée avant
l'aurore, que nous a peinte Salomon ? Où est la
fiancée que Lamartine nous disait de choisir

> Éclose
> Parmi les lis de nos vallons ?

» ... Il n'y a plus d'épouses ! il n'y a plus de mères ! il n'y a plus d'enfants ! La mamelle est détrô-
née, la gorge règne[1]. »

D'autre part, comme il avait, en 1869, annoncé
la ruine prochaine d'une société que dévore la
prostitution, la guerre de 1870 lui sembla confir-
mer cette prédiction ; et dans l'épître sur laquelle
je m'appuyais il y a un instant, il se félicita d'a-
voir pressenti, « alors que personne ne les voyait
encore, les barbares en marche sur Paris, et le
triomphe de la populace, et les ruines au milieu
desquelles nous trébuchons depuis deux ans ». Il
y a du vrai là dedans ; rappelez-vous la préface de
l'Ami des femmes et la véhémente apostrophe de
l'auteur à nos plus aimables contemporaines : « Les
quelques-uns, parmi nous, qui pensent à quelque

1. Préface de *l'Ami des femmes*. (Décembre 1869.)

chose, écrivait-il alors[1], savent que toute société
où vous dominez, que vous vous appeliez Laïs, Pop-
pée ou Dubarry, est une société qui va s'écrouler
et faire place à une autre... Après vous, il n'y a
plus que l'invasion des barbares, de l'étranger ou
de la populace, c'est-à-dire un plan nouveau de
préparation et de reconstitution par ceux qui ont
gardé le sens de la maîtrise par le religieux et par
le politique. » *La Femme de Claude* est en germe
dans ces quelques lignes ; car, en même temps
qu'il signalait à nouveau, dans sa pièce, le mal si-
gnalé déjà par certaines de ses préfaces, il indiquait
le remède, et, par la bouche de son héros, donnait à
la France, des leçons de conduite. Ce héros est
l'homme qui travaille, l'homme qui sait ; il s'est
affranchi des prises de la Bête et voué tout entier
au service de son pays ; il a inventé un canon merveilleux, engin philanthropique autant que meurtrier, causant de tels ravages, que l'Europe épouvantée doit signer bientôt une paix sans fin. Cet
homme n'a pas seulement la religion du patriotisme, il croit en Dieu, il le consulte aux heures

1. En décembre 1869.

difficiles où l'esprit se trouble, où la volonté chancelle ; et sa profession de foi éclaire ce « plan nouveau de préparation et de reconstitution », formulé d'une façon un peu vague dans la préface de *l'Ami des femmes*. Il faut que « la loi divine ait cours sur la terre; » autrement dit : « C'en est fini de ceux qui s'amusent, qui dorment, qui jouissent ou qui nient. Le monde est à ceux qui travaillent, qui veillent, qui se dominent et qui croient ». (I, 4.)

On s'est beaucoup moqué de *la Femme de Claude*, et je suis le premier à reconnaître que l'auteur y a semé des choses singulières. La découverte incroyable du principal personnage, l'association mystérieuse dont Cantagnac est l'instrument, l'amour mystique de Rébecca et les rêves de Daniel donnent le vertige à plus d'un. Da. s la création même du type central, dans l'incarnation de la « Bête, » il y a du merveilleux ; mais ce merveilleux était nécessaire pour mettre en pleine lumière la pensée de M. Dumas. Et le développement de cette pensée, le duel de « l'homme qui sait » et de « la femme qui ne sait pas, » de la raison et de l'instinct, est mené avec un emportement superbe où l'art ne fléchit pas un instant. De toute façon, pour le critique, ce drame est une œuvre capitale et, si l'on se place au point de vue philosophique, le point culminant du théâtre de M. Dumas. Rien de plus original, à mon sens, que la prière de Claude au début du troisième acte : le drame y prend une envergure extraordinaire ; dans la région supra-terrestre où la foi du héros nous a portés, le dénouement se transfigure ; il n'est plus la vengeance d'un homme, il est le jugement de Dieu. C'est pourquoi, lorsqu'un de nos arrière-neveux étudiera ce théâtre, je suis persuadé qu'il accordera une attention sérieuse à cette audacieuse manifestation de la pensée de l'auteur. En reconstruisant, comme j'ai tâché de le faire, la genèse de la pièce, il observera qu'avant l'année 1869, les théories d'où *la Femme de Claude* est sortie n'étaient pas arrêtées de tout point dans l'esprit de M. Dumas. L'écrivain les a modifiées et complétées avec le temps ; et les crises sanglantes de « l'année terrible », ainsi que l'appelle Victor Hugo, n'ont pas nui à ce développement.

Il suffit de l'indiquer. Mieux vaut à présent démêler l'unité véritable du théâtre dont il s'agit ici. Ce théâtre, en effet, a son unité ; mais elle ne repose point sur un système immobile d'idées solidement liées entre elles. Elle consiste dans l'étude, dans l'analyse de l'amour et des sentiments qui en revêtent le nom. Et, par là, elle est plus forte que les théories philosophiques les mieux assises.

II

Dès son premier pas, avec *la Dame aux camélias*,
M. Dumas s'établit au cœur de l'humanité. Plus
tard apparaîtront les thèses, et l'importance de
leur rôle ira croissant ; mais le philosophe se tour-
nera, sans pouvoir s'en distraire, vers les problèmes que soulèvent dans la société présente les jeux
tragiques de la passion. Car l'amour, immuable
en son essence, se transforme de mille manières
avec le temps et les civilisations ; entre les lois,
les mœurs et lui, c'est un perpétuel contre-coup
d'où jaillissent les drames les plus variés. Il a, de nos
jours, ses tragédies particulières, et même, par delà

ces tragédies, à des questions sociales qui s'imposent : la question de l'enfant naturel et celle du divorce.

Ces tragédies et ces questions sociales, voilà ce que M. Dumas a mis sur la scène. L'irrégularité de sa naissance, les humiliations de son enfance, les plaisirs de sa jeunesse le portaient vers l'enquête à la fois dramatique et morale dont son théâtre est la manifestation. Esprit véritablement moderne, agité par tout ce qui agite le siècle, il n'a pas voulu s'enfermer dans l'art comme dans une région supérieure où le bruit des querelles passagères n'atteint pas. Fils d'un romantique, il n'a rien gardé du culte jaloux avec lequel le romantisme isolait le beau dans un monde étincelant de lumière et de fantaisie. Le désir brûlant de marcher avec les hommes de son temps et de combattre leurs combats, non pas en vers splendides, mais dans une prose acérée, polie comme l'acier et tranchante comme lui : tel est le sentiment qui concentra son observation sur le point capital où, de prime abord, il s'est installé.

L'amour est éternel : les sociétés passent, les

langues disparaissent, les religions même s'évanouissent, le duel de l'homme et de la femme demeure. La peinture de la passion a défrayé toutes
les littératures, sans lasser le public. Mais il y a
toujours à chercher dans la nature humaine, et,
pour faire lever une moisson nouvelle dans un domaine cultivé déjà par des hommes de génie, le
plus sûr moyen est de connaître son temps et de
l'aimer. M. Dumas a su rester original, à la suite
des plus grands ; il a étudié l'amour dans un monde
qu'ils ne connaissaient pas, dans une ville étonnante,
dans le Paris de ces vingt-cinq dernières années,
transformé par les révolutions de la politique et
par les découvertes de la science. Il s'est penché
sur la grande cité comme sur un creuset gigantesque ; il y a contemplé dans sa nature et dans son
rôle la femme, non pas l'être abstrait que poètes
et moralistes ont tant de fois défini, mais la jeune
fille livrée par le code aux mensonges de la séduction, la femme contrainte à porter jusqu'au bout
le nom d'un misérable, ou couverte par la loi contre l'indignation d'un honnête homme qui voudrait
s'affranchir et reprendre son nom ; enfin, autour

de cette société si mal réglée, il a vu marcher la foule des femmes entretenues, armées de leurs ruses et de leurs séductions, prêtes jour et nuit à tous les combats qui énervent l'homme et le détournent de ses devoirs. Il s'est recueilli, et, le regard fixé sur la fournaise parisienne, il a représenté les drames effroyables qui se dressaient devant lui, avec les enseignements qui s'en dégagent.

A partir de 1864, il a mené, dans la plupart de ses pièces, une campagne ardente contre la femme. La femme, selon lui, est inférieure à l'homme. Quand l'homme s'abaisse, c'est qu'il se laisse vaincre par elle, au lieu de la dominer. Elle mérite notre estime lorsqu'elle est épouse fidèle et mère dévouée. Mais qu'elle ne songe pas à s'émanciper ! Toutes les utopies dont on flatte son ambition sont condamnées par la nature. Loin d'elle les droits que réclament pour elle certains rêveurs ! Il faut la maintenir dans une sorte de servitude domestique, car elle est « un être circonscrit, passif, instrumentaire ». L'homme est « le moyen de Dieu » ; la femme est « le moyen de l'homme ». — « *Illa sub, ille super*, il n'y a plus à y revenir. » — Les poètes ont menti. Le théâtre a toujours idéalisé la femme, et M. Dumas proteste contre cette apothéose dramatique. « Pas un succès, dit-il, où l'homme ne soit offert en holocauste à la femme. Elle est la divinité du lieu, et, de sa loge ou de sa stalle, belle, fière, triomphante, elle assiste à ces hécatombes humaines [1]. » Les exemples abondent. L'écrivain cite les plus connus : Arnolphe, Othello, Cinna, Oreste, Rodrigue, dont l'âme est occupée tout entière, troublée et parfois égarée jusqu'au crime par l'irrésistible attrait de celle qu'ils aiment. Il aurait dû se souvenir toutefois que Molière, à la fin du *Misanthrope*, dégage son héros des prises de Célimène, que M. Émile Augier tue Olympe et chasse du foyer conjugal Séraphine Pommeau [2].

C'est à peine, néanmoins, si l'on se permet un demi-sourire, lorsque M. Dumas se flatte d'avoir « pénétré dans le temple, dévoilé les mystères de la méchante déesse, trahi le sexe et déshabillé la femme en public ». — Il est incontestable que,

1. Préface de l'*Ami des femmes*.
2. La préface de l'*Ami des femmes* est de 1869, le *Mariage d'Olympe* de 1855, et le drame des *Lionnes pauvres* de 1858.

dans *l'Ami des femmes*, il a tracé de la femme un triste portrait. Cette Jane de Simerose qui réunit en elle, selon les expressions de l'auteur, « les chastetés de la sainte, les fantaisies de la coquette, les audaces de la courtisane » ; cette vierge du mariage, qui se refuse à son mari par pudeur, le fuit par jalousie, offre son âme à un homme qu'elle connaît à peine, qui la soupçonne et l'insulte ; cette mystique, qui, réveillée de ses illusions, va se livrer à un second personnage qu'elle n'aime pas, et se perdre à jamais, s'il n'est pas assez loyal pour la sauver ; oui, certes, je reconnais avec M. Dumas qu'elle appelle notre indulgence et nos conseils. Je la plains. Mais que le poète ne triomphe pas ! Il a tenu, dit-il, à montrer aux femmes « l'effroyable illogisme qui fait le fond de leurs personnes sacrées » ; c'est fort bien, mais qui veut trop prouver perd sa cause, et l'illogisme de Jane pourrait bien être le défaut capital de la pièce et la cause de son insuccès.

La comédie est amusante ; mais la thèse m'y semble mal appuyée. On ne bâtit pas une théorie sur une exception.

Où M. Dumas paraît beaucoup plus près de la vérité, c'est dans son impitoyable sévérité à l'égard de l'adultère. Nulle déception ne saurait, aux yeux de notre moraliste, atténuer la honte de l'acte par lequel une femme se livre. Là-dessus, il ne transige pas. Les sophismes où les coupables aiment à s'endormir, il les connaît et n'en est pas dupe. La préface de *la Dame aux camélias* les dissipe avec une verve subtile et gouailleuse qui a bien du piquant. — Vous parlez de votre âme, dont un mari grossier a blessé la délicatesse, mesdames ; vous invoquez l'abandon où votre seigneur et maître vous a laissées, l'outrage fait à votre tendresse par d'infâmes préférences ; mais quel rapport y a-t-il entre vos douleurs, vos jalousies, vos désespoirs et (je cite ici M. Dumas) « le petit acte spasmodique qui constitue l'adultère » ? Ce sont les sens qui vous entraînent ; et dès lors, entre la courtisane qui ne trompe personne et la femme qui manque à la foi jurée et compromet ses enfants, le philosophe n'hésite pas : mieux vaut la courtisane.

Sur ce point, le théâtre contemporain a nettement rompu avec la tradition, et notre auteur plus résolument que tout autre. Dans les comédies de Molière le « cocu » est un grotesque; ses ridicules justifient ses mésaventures. C'est un Sganarelle, un George Dandin. Le public ne se tient pas d'aise à l'apparition de ce pauvre diable. L'amant, par contre, a toute notre faveur ; il est jeune, beau, spirituel; et, ma foi, c'est justice qu'il triomphe ! Le mari de Dorimène, son futur mari du moins, est un barbon qu'une jeune femme a bien le droit de berner ! Il n'a tout au plus que six mois dans le ventre, et fait le galant ! Vraiment il lui sied d'aspirer à la main d'une coquette, avide de bruit, de fêtes et de liberté ! Quant au gendre de M. de Sotenville, il n'a pas volé ses nombreuses disgrâces. Il est ajusté comme il faut; mais, que voulez-vous ! C'est un paysan qui n'a pas su rester à sa place ; l'ambition l'a perdu : « Vous l'avez voulu, George Dandin, vous l'avez voulu ! » — On ne plaisante plus aujourd'hui : nos auteurs nous font pleurer où l'on riait autrefois. Le mari n'est plus le bouffon de l'ancienne comédie. Il parle en maître, en juge; il n'hésite pas à chasser sa femme, à la tuer même en de certains cas; des sceptiques ont regretté la bonhomie du temps jadis ; pour moi, je ne la regrette pas. L'adultère est chose grave ; il est bon que, sur la scène, on le prenne au grand sérieux. Qu'il y ait dans le monde des maris parfaitement niais, cela ne fait pas question. Qu'on rencontre des esprits complaisants, disposés à s'accommoder de tout, c'est indiscutable. Mais, en général, dans la société présente, l'adultère, quand il est découvert, tourne mal ; et M. Dumas n'a pas tort lorsqu'il dit : « Le célibat, le mariage et l'adultère, voilà la trilogie tragique où se débat la vie des femmes ; mais celle des trois phases où la tragédie est la plus poignante, c'est évidemment la dernière, puisque non seulement l'idéal, mais la pudeur, l'honneur, la réputation, la conscience, la vie de la femme sont en jeu. » — Cette façon de considérer la trahison domestique est très moderne, mais elle n'a rien d'emphatique. Au double point de vue de l'art et de la morale, elle est un véritable progrès ; et l'on doit tenir compte à M. Émile Augier d'avoir, dès 1849, dans *Gabrielle*, donné le beau rôle au mari et fait descendre l'amant de son piédestal. M Augier ne devait pas s'arrêter là. Neuf ans plus tard, le drame des *Lionnes pauvres* allait porter au comble de l'horreur la conduite de la femme infidèle et nous montrer à quel degré d'infamie peut descendre une Séraphine Pommeau. Mais personne, assurément, n'a fait à l'adultère une guerre plus acharnée que M. Dumas.

Plein de miséricorde pour la courtisane repentante, il arme le bras du comte de Lys contre l'amant de Diane, prenant le parti du mari contre celui qui l'outrage, en dépit des torts de l'un et de la sincérité de l'autre. Assurément le public, ému par l'amour profond et généreux qui entraîne Paul et la comtesse, aurait préféré un dénouement plus calme; mais l'auteur n'a jamais goûté pour son compte les accommodements; et, s'il a tué l'amant après nous avoir si bien disposés en sa faveur, c'est dans l'intention de faire éclater le droit absolu du mari en pareille aventure. Il a étonné le public de parti pris; et, bien que la mort de Paul nous soit pénible, il faut avouer qu'aux yeux de la raison la punition de l'amant est juste.

Diane n'est pas frappée. Le rideau tombe au moment où elle s'évanouit. M. Dumas a-t-il eu, par moments, l'intention secrète de la tuer aussi? Je ne le crois pas; il connaît trop bien, ou plutôt il a connu de trop bonne heure ce que peut supporter le public pour avoir jamais songé à de telles rigueurs. Son dessein, d'ailleurs, en cette pièce, était uniquement de faire voir à quel irréparable malheur peut aboutir pour le plus honorable des hommes un amour illégitime. Il abordait la question de l'adultère par un de ses côtés les plus curieux, se réservant d'y revenir et d'en examiner plus tard une face nouvelle.

La femme avait la vie sauve, mais elle était dénoncée; elle apparaissait comme le mauvais génie d'un peintre de grand talent, arrêté soudain dans une carrière de fortune et de gloire. C'était beaucoup déjà.

Quelque temps après la représentation de *l'Ami des femmes*, une admirable situation dramatique trouvée par M. Émile de Girardin fournit à M. Dumas l'occasion de châtier l'adultère d'une façon différente, moins tragique, plus saisissante cependant. On connaît l'histoire du *Supplice d'une femme* : M. Dumas l'a contée d'un style leste, avec infiniment d'esprit. Dans cette collaboration singulière, qui brouilla les deux collaborateurs, mais qui nous valut une des œuvres les plus fortes du théâtre contemporain, on sait la part des deux écrivains. Le dénouement tout entier appartient à M. Dumas. M. de Girardin avait imaginé la donnée du drame. Mariée depuis dix ans, Mathilde Dumont est depuis huit ans la maîtresse de l'associé de son mari. Cet associé se nomme Alvarez. Mathilde a une fille que Dumont croit la sienne, et dont Alvarez est le père. Il y a longtemps que Mathilde a passé de l'amour à la haine pour cet amant jaloux et tyrannique, qui la menace sans cesse de tout révéler et de la perdre, ou plutôt elle a cédé à je ne sais quel entraînement dans une minute d'erreur et de folie dont le souvenir la dévore, et que la présence, les reproches et les fureurs d'Alvarez font depuis huit ans peser sur elle. Le récit d'une femme de chambre, colporté par la malveillance du monde, compromet Mathilde, qui reçoit de son amant une lettre où il lui enjoint de fuir avec lui. Mathilde remet la lettre à son mari, préférant tout à cette fuite. Voilà ce qu'avait trouvé M. de Girardin. C'était original et hardi, mais il n'avait pas su tirer de cette situation un développement logique.

A partir de la scène décisive où Dumont apprend soudain son déshonneur, les personnages s'agitaient dans l'invraisemblable. Dumont pardonnait à sa femme ; puis, dans un entretien des plus étranges avec Alvarez, il proposait et faisait accepter à l'amant un dénouement romanesque. Les deux hommes écrivaient leurs noms sur deux morceaux de papier; les papiers étaient déposés dans une corbeille, et Dumont disait : « Celui des deux dont le nom sortira le premier partira demain pour les montagnes de la Suisse ou pour les montagnes des Pyrénées et fera ce qui sera nécessaire pour y trouver la mort dans un gouffre, comme s'il avait péri par accident. » Le nom de Dumont sortait le premier. Là-dessus, Mathilde qui avait tout entendu, intervenait, et, prenant la parole avec une autorité qui lui convenait mal, elle démontrait à son mari l'impiété du suicide et lui dictait sa conduite. Alvarez devait quitter la France avec sa fille, Dumont partir pour Genève, sa patrie, et y faire prononcer le divorce. Plein d'admiration pour un si beau raisonnement, Dumont, qui tout à l'heure voulait mourir, se rattachait à la vie, il offrait le pardon absolu à Mathilde, et concluait ainsi : Alvarez partira, mais sans Jeanne; il m'appartient de l'élever; et, quant à toi, noble femme, tu resteras avec moi. « Nous vivions en époux, nous vivrons en frères. » M. Dumas, chargé par M. de Girardin de lui indiquer ses corrections, modifia du tout au tout ce troisième acte, le triomphe assurément de l'extravagance et de la confusion. Car enfin, ainsi que le fait justement observer notre auteur, où donc est le supplice de Mathilde dans tout cela? Sa confession la débarrasse d'Alvarez dont elle ne savait comment se défaire; c'est tout bénéfice. Dans la pièce que représente la Comédie-Française, les choses ne vont pas ainsi : la situation marche à son dénouement avec une franchise d'allure merveilleuse. Mathilde et son amant sont frappés d'un châtiment tout moral, il est vrai, mais plus épouvantable que la mort. Dumont n'est plus l'être fantasque et niaisement sensible imaginé par M. de Girardin; après les éclats d'une colère bien légitime, il se recueille, et, maître de lui jusqu'à la fin, il juge et punit, comme il en a le droit et le devoir. Il déshonore ceux qui l'ont déshonoré. Il les condamne à l'infamie. Alvarez lui demandera les fonds qu'il a mis dans l'association, la maison croulera, mais de ses ruines elle ensevelira l'honneur du misérable qui a trompé son ami. Quant à Mathilde, elle réclamera sa dot; elle écrira à son mari qu'elle n'a pas le courage de supporter la misère et qu'elle l'abandonne. « Parmi les châtiments que je pourrais vous imposer, leur dit Dumont, j'ai choisi le plus infamant. » Et il garde Jeanne, la fille d'Alvarez et de Mathilde, pour en faire, ajoute-t-il, une honnête femme.

Ce dénouement seul est une création de premier ordre. L'adultère y est châtié comme il ne l'a jamais été sur la scène. La femme avilie, la mère outragée, séparée de sa fille, voilà, certes, l'expiation la plus terrible qu'on puisse imaginer.

Dans *une Visite de noces*, l'adultère fait encore les frais de la comédie. Comédie tragique, où personne n'est tué, où le rire amer et douloureux produit, suivant l'heureuse expression de M. Sarcey, « l'effet d'une lame froide qu'on vous glisserait dans le dos ». Cette âpre sensation, M. Dumas a mis tout son talent à nous la faire éprouver, pour nous dégoûter de l'adultère, en nous montrant ce qui souvent en reste : la haine de la femme et le mépris de l'homme. — Écoutez madame de Morancé, après une dernière entrevue avec son ancien amant : « Débarrassez-moi de ce monsieur. Que je n'entende jamais parler de lui, que je le croie mort, que j'ignore qu'il a vécu. » — De son côté, l'ancien amant ajoute foi aux histoires honteuses qu'invente son ancienne maîtresse, et dont elle se salit à plaisir pour démasquer l'homme à qui elle s'est livrée. Enfin, M. de Cygneroi, soumettant l'adultère à une analyse physiologico-philosophico-chimique, déclare que, si l'on « combine, triture, alambique, décompose, précipite », les éléments dont se compose cet amour particulier, on n'y trouve pas « un atome d'estime, un milligramme d'amour, une vapeur de dignité. » Voilà la thèse dont le drame est la démonstration. « Prostitution pure! » s'écrie le personnage nommé plus haut. Et, dans sa préface, M. Dumas a soin de nous avertir que c'est lui qui parle ainsi. Une fois sur dix mille, l'amour peut exister dans l'adultère, « voilà tout ce que je vous concède ».

Tout cela, certes, attriste, énerve, mais il ne faut pas nous en plaindre. Il est permis à l'art de porter le fer et le feu dans les plaies les plus répugnantes. Libre aux femmes de tomber en faiblesse: l'anatomie a sa beauté, les mystères du corps ont leur esthétique; et ce n'est pas, à mes yeux, le moindre mérite de M. Dumas d'avoir si virilement étudié la bête dans l'homme. Oui, la bête, les convoitises de la chair et du sang, la soif de la sensation ; voilà ce que nous montre *une Visite de noces*, et ce que nous montrera *la Princesse Georges*.

La Princesse Georges, c'est avant tout l'adultère de l'homme, mais c'est aussi l'adultère de la femme. La femme, la comtesse de Terremonde, n'a pas les excuses apparentes de Diane de Lys, qui aime avec passion; de madame de Morancé, qui a véritablement aimé ; de Mathilde Dumont, qui a cédé à je ne sais quel égarement. Elle est une prostituée, elle a ruiné son mari, elle ruinera tous ceux à qui elle vendra sa beauté; car elle n'aime pas et n'aimera jamais; mais il faut qu'elle brille à tout prix, dût-elle y risquer la vie des autres et la sienne. L'amour du prince de Birac pour la comtesse est une de ces possessions où l'ivresse des sens trouble l'être entier. Il est poussé vers madame de Terremonde par le désir le plus grossier, mais par un désir furieux. Pour fuir avec celle qu'il croit aimer, il est prêt à toutes les lâchetés; il outrage sa femme, qui l'adore et qui le supplie d'ouvrir les yeux sur l'aventurière dont il est épris. « Où sont les contrats humains qui peuvent lier un homme comme moi? » dit-il; et la princesse épouvantée s'écrie : « Voilà donc ce qu'une pareille femme peut faire d'un gentilhomme! Le voilà qui rugit et qui écume, comme une bête sauvage, et qui maudit et qui insulte l'amour le plus pur, le plus dévoué qui fut jamais! » — Ce qui éclate ici, comme dans *une Visite de noces*, c'est le soulèvement des parties basses de la nature humaine. Le drame, à demi symbolique déjà, nous apparaîtrait bien, je crois, avec le sens qu'il renferme, dans une définition de ce genre : La princesse Georges, ou la rencontre de la prostitution chez la femme et de la

folie chez l'homme aboutissant à un double adultère, et menant par le désespoir de l'amour trahi
à la mort d'un innocent. Dès lors, on comprend le
dénouement, qu'il est impossible d'expliquer si l'on
se place au point de vue littéraire. Aussi le public
fut-il surpris, quand, après le coup de feu du comte
de Terremonde, il vit reparaître le prince de Birac
sauvé par l'ironie du destin qui tue M. de Fondette.
Tout le monde attendait la mort du prince; la punition de l'homme adultère semblait la conclusion
légitime de la pièce, et je crois qu'on eût applaudi
de grand cœur au châtiment du coupable. Mais
l'auteur songeait à quelque chose de plus rare : il
voulait, ce me semble, nous rendre l'infidélité conjugale plus odieuse par l'immoralité du dénouement
qu'elle peut avoir. Je ne ferai pour le moment
qu'une réflexion : le drame, ainsi conçu, trahit
trop nettement la main de l'auteur, et mieux vaut
la logique secrète des choses, habilement déduite
et fidèlement observée. Le *Deus ex machina* de
l'antiquité avait sa raison profonde dans la religion
d'un peuple; mais, à la fin d'une tragédie qui se
passe de nos jours, il est difficile de faire inter-

venir ce que M. Dumas appelle « la fatalité antique ». Il n'y a qu'une fatalité pour nous, la fatalité des passions, entraînant les individus à leur perte ; et cela suffit.

Dans *la Femme de Claude*, le symbole triomphe définitivement ; mais, cette fois, il est clair, il domine le drame entier, au lieu de se découvrir à la dernière scène du dernier acte. Et, de plus, le symbole ici est religieux, d'une religion très particulière, il est vrai, et, contre l'intention de M. Dumas, d'une très contestable moralité. Le meurtre de Césarine est en quelque sorte placé sous le patronage de Dieu, d'un Dieu qui n'est pas celui de l'Évangile, mais celui de la Bible ; maître farouche qui donne au mari le droit de tuer sa femme, quand elle veut arrêter dans son œuvre l'homme qui travaille, l'homme qui sait. Sans doute, ce n'est pas le Dieu de la Bible qu'invoque Claude, quand, à la fin de sa prière, il dit au créateur des mondes : « Cette femme a parlé de repentir : faites que cela soit vrai ! Amenez à la lumière et à la vérité cette âme attardée et pleine de ténèbres ! Envoyez-lui la tentation du bien et recueillez-la enfin dans votre

miséricorde ! » Les derniers mots sont tout chré-
tiens ; mais, d'autre part, ce n'est pas le Dieu de l'É-
vangile, à qui l'on peut dire : « Oui, il m'a semblé
tout à coup que vous me donniez l'ordre de substi-
tuer ma justice à votre justice suprême et d'armer
ma main de votre glaive redoutable. N'avez-vous
permis à l'homme que de donner la vie sans lui permettre de donner la mort ? Ou bien, quand l'homme
n'obéit qu'à sa conscience, c'est-à-dire à ce qui le
rapproche le plus de vous, l'avez-vous investi du
droit de frapper les trop grands coupables ? » L'âme
divine qui nous a commandé le pardon, il y a dix-
huit siècles, n'enseigne pas à ceux qui l'interrogent
aujourd'hui une doctrine de feu et de sang. Le
Dieu de Claude est, à l'insu de Claude et sans que
M. Dumas l'ait cru, un dieu de haine, un Jého-
vah. J'y insiste, parce que cela est grave et frappe
au cœur la théorie renfermée dans le drame et dé-
veloppée par lui, parce qu'au point de vue religieux où M. Dumas nous invite à nous placer, ce
qu'il y a de religieux en nous condamne Claude
et se révolte contre la prétendue sainteté du dénouement.

Quelle était, en effet, l'intention de l'auteur dans *la Femme de Claude?* C'était de mettre en scène la conclusion de la fameuse brochure sur l'Homme-Femme. Dans cette conclusion, M. Dumas trace à un fils imaginaire, âgé de vingt et un ans, les devoirs et les droits de l'homme, et termine ainsi : « Si tu as associé à ta vie une créature indigne de toi ; si, après avoir vainement essayé d'en faire l'épouse qu'elle doit être, tu n'as pu la sauver par la maternité, cette rédemption terrestre de son sexe ; si, ne voulant plus t'écouter, ni comme époux, ni comme père, ni comme ami, ni comme maître, non seulement elle abandonne tes enfants, mais va, avec le premier venu, en appeler d'autres à la vie, lesquels continueront sa race maudite en ce monde ; si rien ne peut l'empêcher de prostituer ton nom avec son corps ; si elle te limite dans ton mouvement humain et si elle t'arrête dans ton action divine ; si la loi qui s'est donné le droit de lier s'est refusé le droit de délier et se déclare impuissante ; déclare-toi personnellement, au nom de ton maître, le juge et l'exécuteur de cette créature. Ce n'est pas la Femme, ce n'est pas une femme ; elle n'est

pas de la conception divine, elle est purement ani-
male ; c'est la guenon du pays de Nod, c'est la femelle de Caïn : tue-la ! »

Le drame de *la Femme de Claude* est sorti tout
armé de cette page. Au nom de son maître, Claude
juge et tue cette femme qui n'est pas une femme,
Césarine, le type de la bête. Cette femelle de Caïn,
associée à la destinée d'un homme de génie,
n'est pas seulement la femme adultère, comme
Diane de Lys ou madame de Morancé : tant qu'elle
n'a fait qu'outrager son mari, son mari lui a pardonné ; puis, incapable de la sauver d'elle-même,
il a vécu comme si elle n'existait pas ; mais vient
un jour où elle essaye de l'entraver « dans son mouvement humain et dans son action divine », ou,
pour simplement parler, de lui dérober le manuscrit où il a exposé sa découverte et de le vendre à
l'étranger ; alors Claude, obéissant à la voix de
son Dieu, prend un fusil, et, sans balancer, se fait
justice. Dénouement admirablement amené, conclusion logique de la pièce entière et par là même
inattaquable au point de vue dramatique. Pour ruiner ce dénouement, il faut aller à la base de l'é-

difice dont il est le sommet, à l'idée maîtresse de la tragédie. Acceptez l'idée, le dénouement s'impose. Frappez l'idée, le dénouement se brise. Il y a, en un mot, deux façons de juger *la Femme de Claude* : si l'on y considère uniquement le talent de l'auteur, l'éclat et la vigueur du dialogue, la rapidité de l'action, la force des coups de théâtre, en dépit de certaines excentricités, on est saisi, emporté ; mais, si l'on fait taire un instant l'émotion dont l'écrivain nous maîtrise, pour réfléchir au principe moral dont le drame est la justification, au droit divin dont M. Dumas prétend investir l'homme à l'égard du monstre qui le déshonore et le vole, on proteste au nom de la société comme au nom de cette religion que l'auteur appelle à son aide.

Il est regrettable, à coup sûr, que le Code sépare sans affranchir, et qu'un Claude ne soit pas autorisé par la loi à déposséder une Césarine du nom qu'elle a flétri. Il est regrettable que ce héros de la vie domestique, ce saint tout entier voué à la science, ne puisse pas rompre jusqu'aux liens qui l'attachent à une misérable et fonder une famille nouvelle. La nécessité du divorce, en pareil cas, est évidente ; et, pour s'y être soustraite, la loi a presque toujours été contrainte par une équité supérieure d'accorder à la vengeance du mari une indulgence antisociale ; car une société que l'imperfection de ses lois condamne à l'impuissance devant certains meurtres, est en désaccord avec la notion même de la société. Si M. Dumas avait eu pour objet d'attirer l'attention du public sur l'immoralité d'une telle contradiction, nous serions d'accord avec lui ; il aurait fait en faveur du divorce une excellente campagne. Mais il fallait, pour cela, nous présenter le coup d'État sanglant de Claude comme la douloureuse conséquence d'une loi mal faite, et non pas comme l'exercice d'un droit absolu, d'un droit sacré. C'est là qu'est l'erreur du moraliste et le vice secret de la pièce. « Modifiez la loi qui oblige un homme à tuer, » voilà ce qu'on devait nous dire. On nous dit : « Il y a des crimes que la société tolère, que la conscience approuve, parce que Dieu les autorise ; » la chose est bien différente. C'est pourquoi nous blâmons ici le philosophe, en admirant l'auteur dramatique.

Résumons-nous sur cette grande question de l'adultère et sur la façon dont M. Dumas l'a traitée dans ses comédies. Son mépris pour la femme qui, après avoir prêté un serment solennel, se donne et parfois se vend, est légitime. Il a, d'une main brutale mais salutaire, arraché les voiles menteurs dont s'enveloppe si volontiers la trahison conjugale. Derrière les tirades sentimentales et les tendres excuses des femmes galantes, il a vu l'emportement des sens ou la fièvre du luxe. Parfois, sous la main de l'observateur, la passion a pleuré, sincère et belle dans son égarement; mais, une fois sur dix mille, car la passion est rare, autant que la vertu. L'homme est médiocre; et, le plus souvent, ce qui compose l'adultère, quand il ne s'abaisse pas jusqu'aux infamies de la prostitution, c'est, du côté de la femme, « une dignité faible, une morale élastique, une imagination troublée par les mauvaises conversations, les mauvaises lectures et les mauvais exemples, la curiosité de la sensation, la soif du danger, le plaisir de la ruse, le besoin de la chute[1] ; » et, du côté de l'homme, c'est moins encore : c'est l'habileté de

1. *Une Visite de noces*, 3.

son tailleur, la beauté de son cheval, « la manière dont il met sa cravate, ses regards de té-
nor de province, des serrements de main méca-
niques, des phrases qui ont traîné partout et
dont les mirlitons ne veulent plus, son désœu-
vrement, le désir de faire des économies, enfin, ce qu'il appelle son honneur [1]. » Analyse im
placable, faite sur le vif. Il n'y manque pour l'exactitude parfaite qu'un élément, mais il importe,
car il embellit et relève tout : c'est le je ne sais
quoi d'idéal souvent déposé par l'imagination dans
les plaisirs de l'amour physique ; c'est le parfum de la
femme qu'on désire pour sa grâce et pour sa beauté ;
c'est la reconnaissance que tout homme un peu délicat garde à la femme qu'il a tenue dans ses bras
et qui s'est livrée sans calcul. M. de Cygneroi est
une exception. Ne prodiguons pas les grands mots.
La morale ne saurait pas pardonner l'adultère qui,
pour elle, demeure sans excuse, l'offensé eût-il des
torts et des torts graves ; mais, dans son immoralité,.
l'adultère peut avoir sa fleur d'illusion, son désin-

1. *Une Visite de noces*, 3.

téressement surtout. Entre cet adultère et la prostitution, la distance est grande ; à les confondre de parti pris, comme le héros d'*une Visite de noces*, le moraliste perd de son autorité. Soyons sévères, je le veux bien ; mais, de grâce, mesurons la flétrissure au degré de la faute.

Il est vrai qu'en ces derniers temps M. Dumas a mis sur la scène un adultère raffiné, tout idéal, et n'a pas craint de le glorifier. La duchesse de Septmonts est, aux yeux de notre auteur, une femme accomplie, un type de vertu ; et pourtant elle déteste son mari et se jette au cou d'un charmant ingénieur qui, en sa qualité d'homme supérieur, se refuse à ternir cette âme limpide et se contente d'une union mystique. Il sera le confident de cette femme incomprise, l'appui de son cœur. « Ce que je veux de vous, lui dit-il, c'est ce que vous n'avez pu donner à personne : c'est votre confiance, c'est votre estime, c'est votre pensée de tous les instants, c'est ce qu'il y a en vous de divin et d'éternel. » (II, 5.) Il n'est pas de ceux qui compromettent et perdent la femme qu'ils aiment : il est de ceux qui la soutiennent et qui la sauvent. M. Dumas s'en est-il douté ? Cette conception de l'adultère fit fortune, voilà deux siècles, dans les romans de mademoiselle de Scudéry : « Le principal honneur de nos belles est de retenir dans l'obéissance les esclaves qu'elles ont faits par la seule puissance de leurs charmes, et non par des faveurs. » Ainsi parlait la plus remarquable des femmes savantes, et Saint-Évremond définissait ainsi ce genre d'amour : « Si vous voulez savoir en quoi les précieuses font consister leur plus grand mérite, je vous dirai que c'est à aimer tendrement leurs amants sans jouissance, et à jouir solidement de leurs maris avec aversion. » Il n'y a qu'une différence entre les précieuses et la duchesse de Septmonts : la duchesse a de l'aversion pour un mari dont elle ne jouit pas très solidement. — Quant à l'adultère moral, il m'inquiète : les belles que peint mademoiselle de Scudéry ne laissaient pas de manquer parfois à l'idéal, et la chronique galante du xviie siècle nous indique assez le danger de ces nobles liaisons. Il advenait qu'à certaines heures l'âme se fatiguait de planer si haut et laissait le corps se réjouir un peu, par manière de passe-temps. Qui veut faire l'ange fait la bête ; et vraiment, il est heureux, pour l'honneur de la duchesse, que le duc meure au plus vite : elle a des ardeurs qui pourraient la mener loin. — J'estime que M. Dumas n'est pas dupe de ces élévations mystiques, toujours passagères. Il connaît trop la nature humaine pour ne pas entrevoir les suites de cet adultère exquis, les révoltes de la nature, la souillure plus ou moins prochaine du rêve.

Maintenant, quelle doit être la conduite du mari trompé ? Tantôt, chez M. Dumas, il tue l'amant, tantôt il chasse la femme et la frappe d'une peine infamante ; un jour il la tue, et l'autre il tue un innocent. Nous voilà bien embarrassés. Qu'il y ait des raisons pour les dénouements les plus divers, je suis loin de le nier ; le choix dépend des circonstances, de la femme et du mari : elle est plus ou moins coupable, il est plus ou moins violent ; la nature est faite de nuances. Mais ce qui ressort de cette variété dans la punition, c'est qu'aux yeux de notre auteur, le fameux « tue-la » n'est pas une règle absolue. C'est beaucoup, ce n'est pas assez. Pour nous, ainsi que nous l'avons ou croyons l'avoir établi, nul homme, fût-ce Claude, n'a reçu de Dieu la délégation d'un pouvoir supra-terrestre. Tout meurtre est crime, sinon pour la loi, du moins pour la conscience. La solution véritable du problème, nous l'attendons de la société; mais, en l'absence du divorce, le mari n'a que deux voies à suivre : chasser la femme ou lui pardonner. Telle est, je crois, l'unique alternative.

Le pardon! voilà justement ce qu'on ne trouve jamais, je ne dis pas dans l'œuvre de M. Dumas, mais dans ceux de ses drames qui reposent sur l'adultère. Sans doute, *le Comte de Lys* garde sa femme avec lui, du moins il est permis de le croire; mais comment va-t-il la traiter? L'auteur n'en dit rien. La pièce s'arrête à la mort de Paul. Quant à *M. de Terremonde*, il est difficile aussi de savoir ce qu'il fera. Pardonnera-t-il? essayera-t-il d'oublier? Questions indiscrètes auxquelles l'auteur n'a pas répondu. — Le pardon! est-il possible? Dans certains cas, il serait lâcheté, j'en conviens. Il y a des fautes qu'une âme fière ne pardonne pas. Si la femme est une *Césarine* ou bien une *Séraphine Pommeau*, cette admirable création de M. Augier, le pardon aurait quel-

que chose de honteux ; mais, quand la trahison n'est
qu'égarement, quand la coupable se repent et s'ouvre à de nobles résolutions, alors il faut pardonner.

Je n'oublie pas que M. de Montaiglin pardonne.
Il relève sa femme et s'écrie : « Créature de Dieu,
être vivant et pensant, qui as failli, qui as souffert,
qui te repens, qui aimes et qui implores, où
veux-tu que je prenne le droit de te punir ? » Mais
il ne s'agit pas ici de l'adultère. Raymonde de Montaiglin n'a pas trahi son mari ; sa faute a précédé
le mariage ; elle est tombée dans les pièges d'un
libertin, elle a connu les douleurs de la maternité
clandestine au temps où personne ne pouvait la défendre ; son père était mort, et sa mère, pauvre
femme ignorante et bornée, lui était un trop faible
soutien. Sans doute, Raymonde aurait dû tout
confier à Montaiglin, quand Montaiglin lui tendit
la main et lui demanda la sienne ; elle est coupable de lui avoir dérobé si longtemps la vérité ; elle
a trompé la confiance d'un honnête homme, et cet
honnête homme, en pardonnant, s'élève à l'héroïsme. Mais cet héroïsme se comprend : il est naturel et vrai. Raymonde aime son mari d'un

amour profond ; elle aime cet enfant dont elle a, six années durant, caché l'existence. Ce qu'elle a souffert, ce qu'elle souffre, lui est une peine suffisante, et son mari n'a qu'un devoir, qui est de la plaindre et de lui dire : « Tu n'as pas manqué au serment que tu m'as prêté ; tu es mère, donne une famille à ton enfant : qu'Adrienne grandisse entre nous, je serai son père. »

Monsieur Alphonse, c'est la question de la fille mère et celle de l'enfant naturel, déjà traitées par l'auteur, examinées sous un jour nouveau. C'est une des nombreuses tragédies domestiques auxquelles aboutit la trahison de l'homme qui abandonne la femme qu'il a séduite. Souvent la victime, comme Clara Vignot, se résigne au célibat éternel et se dévoue à l'éducation de son fils. D'autres fois, elle cache aux yeux du monde la folie de sa jeunesse ; elle élève en secret l'enfant qu'elle aime et dont elle rougit ; et, si le bonheur s'offre à elle dans la personne d'un homme loyal et bon, ignorant du passé, elle n'a pas toujours le courage d'avouer sa faute ; elle accepte le nom de cet homme, mais elle vit dans l'obsession d'un souvenir atroce ; une profonde amertume se mêle à toutes ses joies, jusqu'au jour où la vérité éclate, où le drame surgit. Quel peut être le dénouement d'une pareille situation ? Une tendre pitié pour la malheureuse, le mépris pour l'infâme qui l'a rendue mère, l'adoption pour l'être innocent né du combat de la faiblesse et de la ruse: telle est la juste conclusion de M. Dumas. Il fait le procès à la loi qui se déclare impuissante devant certains attentats et permet à l'homme de déshonorer une vierge et de mettre au monde des fils ou des filles sans plus s'en occuper. Loi inique et que M. Dumas a combattue avec une opiniâtreté dont il peut s'enorgueillir.

On sait la bienveillance de notre auteur pour la fille-mère. Le dénouement des *Idées de madame Aubray* et la glorification de Clara Vignot, sont célèbres. On connaît aussi la réforme qu'il a proposée, demandant que la recherche de la paternité fût admise par la loi. Cette réforme a ses périls, mais ce n'est pas une raison pour la rejeter. Rien n'est parfait en ce monde : on doit songer non pas au bien, qui est irréalisable, mais au mieux. Or, s'il y a une chose indiscutable, c'est que les jeunes filles, et j'entends

8.

parler surtout des ouvrières, des vierges pauvres, ne trouvent dans notre législation aucun appui contre le mensonge et la violence. Bon nombre, à coup sûr, cèdent uniquement aux conseils de la misère, aux tentations du luxe, aux appels de la chair... Mais il s'en rencontre qui aiment, et ne se donnent que sur la foi d'une promesse solennelle. Il importe à la morale qu'un tel engagement soit tenu, lorsque de cette union naît un enfant. Là-dessus, M. Dumas a pleinement raison.

Par malheur, il lui arrive quelquefois, en ses préfaces, de compromettre les meilleurs raisonnements par le paradoxe des conclusions ou par la singularité voulue de la forme... Ce qui explique l'attitude du public à l'égard du penseur : une curiosité purement littéraire et la crainte secrète d'être mystifié. Au reste, si j'en veux un peu à l'auteur de certaines pages socialo-mystiques, j'estime au plus haut point celles où M. Dumas nous parle de son art et nous expose ses procédés : la préface du *Père prodigue*, par exemple, et, plus encore, celle de *l'Étrangère*, si nette, si fière et si délicate à la fois. J'aurai recours plus loin à ces « discours » sur le théâtre ;

mais pour rendre en passant à la dernière publication de M. Dumas l'hommage qu'elle mérite ; elle restera comme un modèle achevé de ce que la polémique littéraire peut unir de bon sens vainqueur et de courtoisie, quand elle est maniée par un homme de talent qui ne se croit pas dispensé d'être un galant homme.

III

Les thèses de notre écrivain, je les ai touchées plus haut, et je n'y reviendrai pas. Mais, en les développant dans ses pièces, il a reculé les bornes du théâtre ; et cette audace lui a valu des reproches si vifs et si nombreux, qu'il est bon, je crois, de prendre parti dans la discussion.

Toute la pensée de M. Dumas sur ce point tient en ces quelques lignes : « Par la comédie, par le drame, par la forme qui nous conviendra le mieux, inaugurons le théâtre utile, au risque d'entendre crier les apôtres de l'art pour l'art, trois mots absolument vides de sens [1]. » Mettre au service des

1. Préface du *Fils naturel*.

grandes réformes sociales l'extrême puissance dont le théâtre dispose, le rire et les larmes, l'émotion intense, croissant d'acte en acte et de scène en scène, durant ces trois heures où le spectateur s'oublie tout entier et tout entier se donne : telle fut de bonne heure l'intention de M. Dumas.

Il sait à merveille que l'auteur dramatique ne corrige pas les individus : nul Harpagon ne se retrouve dans le personnage de Molière, et les Philamintes d'aujourd'hui se moquent gaiement de leur immortelle aïeule. Mais il est persuadé que l'on peut faire réfléchir le public, troubler la quiétude de ses préjugés, le renseigner et l'instruire. Libre à tel ou tel de marquer aux inspirations du poète comique certaines barrières, de soutenir que le théâtre est un pur divertissement, la représentation désintéressée de nos ridicules et de nos vices. M. Dumas ne l'entend pas ainsi. Il invoque les maîtres. Shakspeare, dans le monologue d'*Hamlet*, a discuté le problème de l'immortalité de l'âme ; Corneille, dans *Polyeucte*, Racine dans *Athalie*, ont appelé Dieu sur la scène ; Molière, dans son *Tartufe*, a frappé de si rudes coups que les haines durent encore ; enfin dans *le Mariage de Figaro*, Beaumarchais, armé de flèches étincelantes et mortelles, a précipité le mouvement de l'opinion, et déchaîné la révolution naissante. « Le jour où tous ces hommes ont été des hommes vraiment hors ligne, s'écrie M. Dumas, c'est le jour où ils ont fait craquer la scène en y introduisant les grandes causes et les grandes tendances de l'esprit humain [1]. » Il s'agit d'entrer résolument dans le chemin qu'ils nous ont indiqué, et d'aller plus loin qu'eux. Ils n'y ont marché qu'à de rares intervalles ; séduits avant tout par l'observation et la peinture de l'homme, ils nous ont appris ce que nous sommes, il est réservé au théâtre contemporain de nous apprendre ce que nous devons être. Suivant la formule de M. Dumas, « l'homme moral est déterminé, l'homme social est à faire ». Les auteurs d'aujourd'hui, s'ils aspirent à traverser les siècles, doivent s'attacher à ce grand objet, travailler au progrès de l'humanité, lutter avec elle et pour elle. Ils ont charge d'âmes. Leur art n'est pas un art; il est une mission. Le théâtre est une tribune, la plus retentissante qu'un homme puisse

1. Lettre à M. Sarcey. (*Entr'actes*, 1re série.)

envier. Les paroles qui de la scène se répandent dans la salle ont une portée, une durée que ne possède nulle parole humaine. Elles entrent dans l'âme avec une puissance, mêlée de séduction et d'épouvante, que rien n'égale. Elles ne s'évanouissent pas après l'éclat d'une soirée; les lustres s'éteignent pour se rallumer; une foule tous les jours nouvelle, et de plus en plus avide, si l'œuvre a du succès, accourt durant des mois, matière vivante, nerveuse, qu'un souffle agite, qu'un mot enflamme. En face de cette foule, le poète est, dans toute la force du terme, un magicien. Pourquoi se bornerait-il à divertir, quand dix-huit cents spectateurs lui appartiennent, quand dix-huit cents âmes frémissent à sa voix? Qu'il songe à son empire; et, saisi d'une ambition légitime, qu'il fasse vivre, non pas une fantaisie, un rêve de son imagination, mais sa pensée même, l'âme de son âme, ce qui lui brûle la chair et le sang. Voilà, ce me semble, dans ses traits principaux, l'idée que M. Dumas se fait du théâtre.

Laissons les formules, dégageons la pensée. Qu'affirme en somme M. Dumas? la légitimité du théâtre social. Sur ce point, il a gain de cause à nos yeux. On se récrie. Le public, dit-on, ne va pas au spectacle pour réfléchir, il y va pour s'amuser. Qu'importe, si, en l'amusant, on lui donne plus que du plaisir ! Est-il impossible d'animer le Code et d'en tirer un drame ? Non, puisque M. Dumas y a réussi dans *le Fils naturel* et dans *Monsieur Alphonse*. Or, en littérature, comme dans tous les domaines de l'art, le succès justifie. Eh quoi ! Un homme de talent me remue l'âme, en mettant sur la scène un notaire qui dresse un acte de reconnaissance, et j'irais en vouloir à mon émotion, me gourmander de ma faiblesse ! — L'entreprise est périlleuse, je le sais. Il ne faut pas que l'action s'arrête et tourne à la conférence. Il ne faut pas que les personnages soient des abstractions luttant les unes contre les autres. Ce sont là défauts graves que M. Dumas n'a pas toujours évités. Le théâtre vit de faits et de mouvement, et notre auteur lui-même a reconnu que sa comédie de *l'Ami des femmes*, telle qu'elle fut jouée en 1864, mettait les théories trop en dehors et laissait voir « les causes dans les événements, comme un mécanisme de montre à travers le cadran qui marque les heures ». L'action doit cacher la thèse qui la dirige et qu'elle développe, voilà le principe. Posez ce principe, mais gardez-vous de dire au poète, en lui montrant le théâtre de ses devanciers : « Tu n'iras pas plus loin ! »

Il n'y a pas de limites en littérature. Les codes littéraires sont comme les systèmes philosophiques : l'univers les dépasse infailliblement par quelque endroit. Tout ce qui est de l'humanité appartient à l'art, qui sans cesse se rajeunit et s'agrandit.

Depuis la transformation de 1789, avec le progrès des sciences, qui renouvellent ou plutôt qui auront renouvelé dans ce siècle l'histoire, la philosophie, la politique même, il est incontestable que, de son côté, l'art a marché. Des curiosités inconnues aux écrivains d'autrefois se sont éveillées. Un goût plus vif de l'observation précise, l'amour du détail, du pittoresque, et, d'autre part, ce tourment des questions sociales que les contemporains de Louis XIV et de Bossuet ne pouvaient pas éprouver ; tout cela a retourné le sol où les Corneille, les Molière et les Racine avaient fait lever des drames immortels. Voilà quatre siècles que le mouvement littéraire ne se ralentit plus. C'est une poussée superbe d'œuvres fortes, une nation toujours en travail, un travail toujours nouveau. Les révolutions se suivent, apportant chacune leur formule ; injustes envers le passé qu'elles outragent, envers l'avenir dont elles croient avoir touché les bornes, mais fécondes et pareilles dans leur succession à l'écoulement d'une source intarissable. Sous l'action constante des générations, qui se poussent les unes les autres avec une admirable fureur d'ambition, le vieux terroir gaulois n'a pas cessé de se retremper, depuis le commencement du xvɪᵉ siècle. Le nôtre, qui est bien, suivant le mot de Michelet, un siècle titan, a tout remué, dans une sorte de délire; lyrique en 1830, réaliste aujourd'hui. Le roman et le théâtre ont rencontré des mains souveraines qui, brisant les vieux moules, en ont forgé qu'on n'avait jamais vus. Dans cette refonte universelle, les œuvres des maîtres d'autrefois sont restées debout, les systèmes littéraires ont disparu. Pour l'heure, c'est le naturalisme qui triomphe, c'est-à-dire le réalisme à outrance. Demain, qu'un homme de génie se produise, l'art encore se modifiéra. Quand le critique embrasse d'un regard ces perpétuelles révolutions, s'il est sincère, il comprend la leçon qu'elles renferment pour lui, leçon de modestie et de libéralisme sans réserves. Au lieu de sacrifier sur l'autel d'une secte en pontife impeccable, il se détourne des coteries, des poétiques étroites, et va son chemin par le monde comme l'interprète des œuvres originales et leur défenseur, et non comme un juge prétentieux et gourmé. C'est pourquoi, dans la question particulière à laquelle je m'empresse de revenir, j'ai pris le parti du drame social contre les attaques de certains critiques. Le drame social est une innovation importante; c'est suffisant, selon moi, pour qu'on approuve M. Dumas de l'avoir fondé, ou, pour mieux dire, remis en honneur.

Il ne s'agit pas de savoir si vous préférez le théâtre du xix° siècle. La gloire de Molière n'est pas en cause. Ce qu'on vous demande, c'est de dégager ce qu'il y a d'heureux dans les révolutions littéraires auxquelles vous assistez. Il n'est pas question non plus d'applaudir avec un enthousiasme irréfléchi aux œuvres d'un novateur. Les œuvres réalisent rarement l'intention de l'écrivain. Quand elles en approchent, on doit être satisfait.

Si de la discussion générale je passe aux comédies où M. Dumas a développé ses théories particulières, je suis loin, comme on sait, d'admirer sans restriction. Il n'a pas toujours eu l'heureuse fortune de concilier les exigences invincibles du théâtre avec les changements qu'il avait imaginés. La thèse n'est pas toujours restée l'âme secrète de l'action ; elle s'est parfois étalée en pleine lumière, répandue en tirades, personnifiée en des créations artificielles, machines dramatiques, chargées de pousser la comédie à son dénouement. Tous les personnages ont parlé la langue de M. Dumas, tous ont fait des mots. La condition suprême de la vie sur la scène, l'impersonnalité de l'œuvre, manque à *la Femme de Claude*, à *l'Étrangère*. L'auteur y apparaît derrière l'acteur. On n'est plus sous le charme de cette illusion puissante où nous jette le génie de Molière, où M. Dumas nous jetait lui-même, quand il donnait au public *Diane de Lys*, *le Demi-monde* et *le Fils naturel; le Fils naturel,* cette merveille, qu'anime une vie profonde et qui, cependant, d'un bout à l'autre est gouverné par une thèse.

IV

Dans les dernières comédies de M. Dumas, la vie
a quelque chose de violent et de tourmenté. Les
événements se précipitent, les coups de théâtre se
multiplient, c'est le triomphe de l'action. On ne
respire plus. Le drame, tambour battant, court au
pas de charge. On sent dans l'air une vague odeur
de poudre : dès la première scène, dans *la Femme
de Claude*, le fusil qui tuera Césarine fait entendre
ses détonations ; au dernier acte de *la Princesse
Georges*, un coup de feu ébranle la salle et le
comte de Terremonde vient jeter son pistolet sur
la table du salon de Séverine. Dans ces deux pièces,

ainsi que dans *Monsieur Alphonse*, l'action s'engage dès que le rideau se lève; nous entrons de plain-pied dans la tragédie; l'exposition ne précède plus le drame, elle éclate avec lui en des répliques brèves qui rendent un son d'épée. L'émotion nous saisit dès les premiers mots; nous savons en trois minutes ce qu'il faut savoir et pressentons ce qui va se passer. Voyez! Séverine, en proie aux inquiétudes de la jalousie, attend sa femme de chambre; la femme de chambre paraît; le dialogue commence, un dialogue court, pressé, tumultueux; pas un trait qui ne porte à la fois sa clarté et sa blessure; la princesse interroge avec une fougue nerveuse, d'une voix sèche, en phrases de deux lignes, d'une ligne, d'une demi-ligne; Rosalie répond plus vite encore, quand elle ne se contente pas d'un oui ou d'un non; puis elle entame le récit des faits dont il importe que nous soyons instruits; mais ce récit, c'est le drame qui se noue, c'est l'âpre douleur de la princesse qui saigne à chaque mot. Rien de pareil à ces prologues de convention où deux personnages parlent de choses qu'ils connaissent à merveille, mais que l'auteur veut faire connaître avant de s'élancer au cœur de son sujet.

Nous sommes loin aussi des belles et larges expositions du *Demi-Monde*, de *Diane de Lys* et de *la Dame aux camélias*. Dans les œuvres que je viens de citer, l'auteur ne se presse pas; il se donne du champ; une série de portraits animés défile devant nous, avec les personnages qui entrent, causent et s'en vont. Les divers acteurs de la comédie paraissent et disparaissent sans trop se hâter; ils se montrent tels qu'ils sont à l'ordinaire; ils parlent comme ils doivent parler avant que nul intérêt brûlant ne les ait jetés hors d'eux-mêmes et poussés aux extrémités. C'est l'existence avec son ampleur et son calme. Ce sont les hommes avec leurs habitudes, avec leur train de tous les jours.

Ouvrez *le Demi-Monde* et comptez les gens qui, durant le premier acte, se promènent sous nos yeux, se découvrant en quelques mots et fixant leur image dans notre souvenir. Olivier de Jalin est chez lui; il reçoit successivement la visite de la vicomtesse de Verrières, celle de Valentine, d'Hippolyte Richond, de Suzanne d'Ange, de Raymond. Les principaux personnages de la pièce ont passé dans le salon d'Olivier sans aucune invraisemblance, pour notre plaisir et notre instruction. Le demi-monde nous est familier quand le rideau tombe. Le drame, qui déjà perce par endroits, peut se mettre en marche ; il intéressera d'autant plus que nul acteur ne nous est inconnu.

Il n'y a pas à le nier, ce premier acte est un chef-d'œuvre ; et certes, pour soutenir si longtemps l'attention du public, avec des scènes de pure observation, il faut une habileté consommée. Il est plus facile peut-être d'entraîner la foule du premier coup, comme M. Dumas l'a tenté depuis. Et, de plus, il me semble que la première manière de notre auteur se rapproche davantage de la vérité. Elle a quelque chose de moins fiévreux et de plus franc ; on y trouve plus de nuances et de bonhomie.

M. Dumas a, depuis longtemps, renoncé à ces expositions de longue haleine. Il a imaginé ce drame nouveau qui ne laisse pas au spectateur le temps de réfléchir, qui nous ébranle, qui nous secoue dès le début, et nous emporte jusqu'au dénouement avec une irrésistible violence. L'histoire du *Sup-*

plice d'une femme permet de saisir à son origine cette évolution d'un grand talent. M. Dumas venait d'éprouver une assez cruelle déception. La pièce où s'agite Jane de Simerose avait déconcerté le public. Pendant une quarantaine de jours, elle se débattit contre l'étonnement, le silence et quelquefois les protestations de la salle ; puis elle disparut. L'auteur, songeant aux causes de son échec, comprit l'erreur où il était tombé en ne donnant pas assez à l'action, et se promit, comme il le dit lui-même, « de changer sa manière, le cas échéant ». C'est à ce moment que M. Émile de Girardin le pria de corriger sa pièce du *Supplice d'une femme*. Le manuscrit du publiciste était considérable. M. Dumas l'allégea de moitié d'après la poétique à laquelle ses réflexions l'avaient conduit. « Le spectateur, écrit-il, devait subir ce drame comme un accès de fièvre, sans le prévoir, en sentir la vérité dans les pulsations de son cœur, et n'en connaître le danger qu'après, c'est-à-dire trop tard. »

Pesez bien ces paroles. *Une Visite de noces, la Princesse Georges, la Femme de Claude, Monsieur Alphonse*, c'est-à-dire toutes les pièces composées

par notre auteur depuis 1870, à la réserve de *l'É-
trangère*, dérivent de cette conception dramatique.
L'Étrangère s'y rattache par certains liens qu'il ne
serait pas malaisé de démêler, mais elle s'en distingue en un point essentiel : elle a cinq actes,
tandis que, dans les œuvres nommées plus haut,
l'action se ramasse avec une inflexible rigueur pour
jaillir avec plus de force et d'éclat. Tout est condensé, pressé, tendu. *Monsieur Alphonse, la Femme
de Claude* et *la Princesse Georges* tiennent en trois
actes ; *une Visite de noces* n'en a qu'un.

On attribue généralement au vers un avantage
sur la prose : la contrainte de la mesure et de la
rime, cet heureux emprisonnement de la pensée,
qui prête à l'expression un tel relief sous la main
du vrai poète. M. Dumas a cru tirer de sa nouvelle
manière un bénéfice analogue. En des comédies
toutes modernes, il s'est plié de parti pris aux
exigences les plus étroites de la formule classique.

A coup sûr, il n'a pris conseil que de lui-même ;
mais, en étudiant la composition de ses dernières
comédies, — je mets toujours à part *l'Étrangère*, —

on songe involontairement à une page célèbre de La Bruyère sur le poème tragique. « Le poème tragique, dit l'auteur des *Caractères*, vous serre le cœur dès le commencement, vous laisse à peine dans tout son progrès la liberté de respirer et le temps de vous remettre ; ou, s'il vous donne quelque relâche, c'est pour vous replonger dans de nouveaux abîmes et dans de nouvelles alarmes. Il vous conduit à la terreur par la pitié, ou réciproquement à la pitié par la terreur ; vous mène, par les larmes, par les sanglots, par l'incertitude, par l'espérance, par la crainte, par la surprise et par l'horreur, jusqu'à la catastrophe. » Le poème tragique, tel que l'entend La Bruyère, c'est la comédie de M. Dumas depuis un certain nombre d'années. Un tel rapprochement est d'autant plus curieux qu'il s'éveille à la lecture des drames les plus révolutionnaires de notre auteur.

Ainsi, la forme dramatique à laquelle le XVIIᵉ siècle arrêtait son idéal devient, au bout de deux siècles, l'idéal d'un écrivain profondément moderne ! Les libertés conquises par la révolution romantique disparaissent, les unités classiques sont

observées. *La Femme de Claude, la Princesse Georges, Monsieur Alphonse*, se passent en un seul jour,
et le décor ne change pas. Quand Césarine, après
une longue absence, appelle Edmée et paraît sur la
scène, l'auteur a soin de nous avertir qu'il est sept
heures du matin : les volets s'ouvrent et l'appartement s'éclaire ; la journée n'est pas finie que Césarine tombe, frappée par son mari. Le drame a
pour théâtre unique le salon de Claude, et gravite
jusqu'à la fin autour du coffre-fort où le manuscrit
du savant est déposé. Il est inutile de poursuivre
la démonstration. *La Princesse Georges* et *Monsieur
Alphonse* sont entre les mains de tous ceux qui
aiment le théâtre. Ils pourront aisément vérifier
l'exactitude de cette remarque.

En transformant sa manière, M. Dumas n'a fait
d'ailleurs que pousser à l'extrême la formule théâtrale suivie par lui dès son début. Sa poétique est
bien connue. Il l'a résumée dans la préface du *Père
prodigue*. Or, la première qualité de l'auteur dramatique, à ses yeux, c'est la logique. La vérité peut
être absolue ou relative, la logique doit être « implacable entre le point de départ et le point d'arri-

vée ». Ce point d'arrivée, il importe que l'écrivain l'ait toujours présent, en quelque sorte, « dans le développement de l'idée ou du fait ». Et, comme l'idée parfois est périlleuse, le fait assez étrange, il faut à la main de l'auteur cette concision, cette rapidité « qui ne permet pas à celui qui écoute d'être distrait, de réfléchir ».

Il est vrai que la préface dont je m'occupe est de 1868. Elle marque une transition. A cette date, comme le prouve l'*Histoire du supplice d'une femme*, le Dumas de *la Princesse Georges* et des pièces qui suivirent s'agitait déjà dans le Dumas d'autrefois. Il cherchait à renouveler sa forme. Quelques années plus tôt, il n'aurait pas insisté si fortement (du moins, il est permis de le supposer) sur les avantages de la concision. Le développement, au sens heureux du mot, ne lui déplaisait point. Ce qu'on doit retenir, c'est l'importance attachée par notre auteur à la logique. Cette logique particulière, reposant moins sur la vérité des caractères que sur l'accord parfait du commencement de la pièce, de son milieu et de sa fin ; telle fut toujours pour lui la loi essentielle du code théâtral.

Au temps où parut *la Dame aux camélias*, il se souciait peu de la formule rigoureusement classique à laquelle il est arrivé ; mais, par le soin qu'il apportait au plan, à l'unité de l'action, il s'en rapprochait, sans y penser peut-être.

Loin de moi l'intention de l'en blâmer. L'originalité de sa première manière n'en est pas amoindrie. Elle réside précisément dans l'alliance de deux systèmes, trop exclusifs l'un et l'autre, et qu'il fallait concilier pour en tirer un théâtre nouveau : le système dramatique du XVIIe siècle et celui de 1830.

A se modifier, M. Dumas ne risquait pas d'incliner vers le second. Il devait se diriger où le poussaient à la fois ses qualités et ses défauts, tendre de plus en plus les ressorts de l'action et prodiguer sur les planches les coups d'État.

Je n'ai garde de contester la valeur de cette conception. Elle est d'un grand effet sur la foule, mais dangereuse comme une machine chauffée à toute vapeur et lancée à fond de train. Dans cette course effrénée, les voyageurs, c'est-à-dire les personnages, vont bien vite pour ceux qui les regar-

dent. Non seulement le public n'a pas le temps
de respirer, mais il est comme étourdi. M. Dumas
entend qu'il en soit ainsi. Je sais toutefois un art
supérieur à cet art fiévreux ; un art rapide, à coup
sûr, mais plus calme, dont *le Fils naturel, le Demi-
Monde* et *la Dame aux camélias* nous offrent d'impérissables modèles. En ces comédies hors de pair,
l'action, certes, ne traîne pas ; mais on ne la subit
point comme un accès de fièvre. On en jouit ainsi
que d'une volupté.

Où le tempérament de M. Dumas éclate tout entier, c'est dans les dénouements. Il y en a d'inof-
fensifs. A la fin du *Père prodigue*, tout le monde
s'embrasse et se réconcilie. Mais bon nombre sont
tragiques. Marguerite Gautier meurt sur la scène
et son agonie remplit le dernier acte du drame.
L'amant de Diane est tué. M. de Fondette est tué.
Césarine est tuée. M. de Septmonts est tué. L'épée,
le pistolet et le fusil sont instruments que manie
volontiers M. Dumas. Ils ont un sérieux avantage ;
ils arrêtent à merveille les situations les plus ten-
dues. De plus, aux yeux de notre auteur, dont la
justice a quelque chose de féroce, ils ont le mérite

de punir aussi durement qu'il est possible de châtier. Mais, laissons de côté la question morale,
traitée à propos de *la Femme de Claude*. Au seul
point de vue de l'art, je préfère les dénouements
qui, si je puis ainsi parler, ne dénouent pas entiè-
rement. Non, les dénouements les plus beaux ne
sont pas ceux qui tranchent le drame d'un coup
tragique et font descendre sur l'imagination un
voile de sang. C'est la marque d'un artiste supérieur d'ouvrir à notre pensée de lointaines per-
spectives et d'étendre en quelque sorte la vue du
spectateur au delà du spectacle.

Le dénouement du *Supplice d'une femme* est un
des plus forts du théâtre contemporain, parce qu'il
a cette large ouverture sur l'avenir. Le tort de
M. Dumas est de n'avoir pas laissé plus souvent
au mépris le soin de faire justice. J'admire le dénouement de *Diane de Lys* et celui de *la Femme de
Claude* autant qu'il convient. Ils sont en parfait
accord avec la donnée de l'action. Mais ces violences me causent une impression moins profonde que
la haute et mâle vengeance de Dumont. Elles
ébranlent les nerfs, et l'âme ne laisse pas que d'é-

tre atteinte, mais elles n'égalent pas l'effet d'un châtiment tout moral.

Je le sais, il y a dans ces dénouements un mérite de premier ordre ; en menant le drame jusqu'à ses limites extrêmes, ils bravent audacieusement une des conventions les plus fâcheuses du théâtre ; les personnages, au moins, vont jusqu'au bout de leur caractère ; ils ne se corrigent pas au dernier moment pour la satisfaction d'une morale vulgaire et d'un public bourgeois. Point de miracle ici. — A ce point de vue, comparez la fin du *Gendre de M. Poirier* et celle de *l'Étrangère*. On trouve entre les deux pièces de singuliers rapprochements, et je commence par déclarer que la comédie de M. Dumas est inférieure à celle de son devancier ; mais ce qui gâte *le Gendre de M. Poirier*, c'est la conversion du gentilhomme ; c'est le coup de baguette qui, d'un libertin de ce genre, fait un honnête homme. Antoinette est charmante, je le veux bien, et, dans un vaudeville, j'admettrais sans peine l'heureuse influence de sa jeunesse et de sa grâce. Mais la pièce de M. Augier est une comédie de caractère, elle a de hautes prétentions et les justifie. Le type central s'y dresse avec un relief saisissant ; il est peint de cette touche patiente et solide qui achève un portrait jusque dans le détail, tout en dégageant les traits saillants, les lignes maîtresses, c'est-à-dire la vie. Eh bien, il est inadmissible qu'un roué de cette trempe s'amende soudain ; ses habitudes ne sont pas l'effet d'un entraînement ; elles ont leur source au plus profond de l'être ; elles partent à la fois d'un esprit faux et d'un cœur vicié. Quand l'immoralité est entrée dans le sang, que l'éducation, le tempérament, le monde ont conspiré à l'entretenir, à la développer, il ne suffit pas d'une crise pour redresser l'intelligence et purifier l'âme. M. Dumas, en s'inspirant du *Gendre de M. Poirier*, a pris le grand parti : il a tué le duc de Septmonts. — Son « vibrion » ne se range pas aux principes du juste et du vrai. Il fait mine un instant de s'y ranger ; il tente de séduire et d'égarer le ressentiment de sa femme. « Jusqu'ici, dit-il à la duchesse, j'ai été maladroit ; je n'ai pas su vous apprécier ; aujourd'hui, je vous comprends, je vous aime, soyez indulgente et bonne. » Mais l'homme l'emporte sur l'acteur : outragé par

Catherine, il dépouille son rôle et marche dans le cynisme avec une sorte d'ivresse, jusqu'à ce duel sans témoins où il meurt en aventurier plutôt qu'en gentilhomme.

Dans le parallèle que je viens de faire, l'avantage reste à M. Dumas ; mais il y aurait une véritable perfidie littéraire à ne pas ajouter immédiatement que les bons dénouements de M. Émile Augier sont excellents. Et, pour mon compte, je n'en vois pas un dans le théâtre contemporain qui soit supérieur à celui des *Lionnes pauvres*, à celui de *Maître Guérin*. Ils ont justement le charme que je reconnaissais il n'y a pas longtemps au dénouement du *Supplice d'une femme :* — l'au delà.

M. Augier n'est pas d'humeur aussi belliqueuse que M. Dumas. Il y a de nombreux duels dans ses pièces, mais ce sont duels assez doux. Le baron d'Estrigaud est le seul, je crois, qui tue son adversaire. Quant au pistolet, il a, certain jour, frappé juste et fort dans un drame de M. Augier. Le marquis de Puygiron d'un coup sanglant délivre sa famille du monstre qui s'y était introduit. Mais ce n'est pas ainsi que procède ordinairement l'auteur du *Fils de Giboyer* : sa justice est plus sereine ; elle a pour arme l'éloquence indignée, la flétrissure pour effet.

Plaçant avant toute autre qualité l'implacable logique de l'action, M. Dumas prend au sérieux le dénouement d'une pièce. « Un dénouement, dit-il, est un total mathématique. Si votre total est faux, toute votre opération est mauvaise. J'ajouterai même qu'il faut toujours commencer sa pièce par le dénouement, c'est-à-dire ne commencer l'œuvre que lorsqu'on a la scène, le mouvement et le mot de la fin[1]. » — Cette théorie particulière vaut la peine qu'on s'y arrête. Elle est vraie en partie, mais trop absolue, et la comparaison employée par M. Dumas manque d'extension. Car, enfin, l'importance du dénouement varie. Dans une comédie de mœurs, la logique du drame peut fléchir sans que rien soit compromis : le point capital est la vérité de l'observation. Dans une comédie de caractère, passe encore si l'intrigue tourne court et se termine d'une façon assez banale, pourvu que les caractères se développent d'une allure naturelle,

1. Préface de *la Princesse Georges*.

sans défaillance ni contradiction. Il en va tout autrement, quand l'auteur poursuit la démonstration d'une idée. L'intrigue alors est comme un
plaidoyer, le dénouement porte la fortune de la
thèse. Qu'il surprenne, qu'il reste en deçà de l'idée
ou s'aventure au delà, la pièce est en danger : ce
sera tous les soirs, à l'approche de ce dénouement
illogique, un malaise vague dans l'auditoire, peut-
être une révolte ouverte. Le drame social est un
problème posé devant le public et résolu devant lui
en deux ou trois heures ; mais, comme l'art de la
scène est complexe, qu'il embrasse tous les genres
et peut s'élever très haut sans aucun souci des questions présentes, M. Dumas avouera qu'en traçant
la poétique du théâtre, il a tiré, suivant la coutume
des législateurs littéraires, une règle universelle
de son idéal particulier.

Oui, pour un écrivain qui construit sa pièce *à
priori*, qui la pense avant de la vivre, le travail de
la composition dramatique offre plus d'un rapport
avec celui du mathématicien : l'un combine des
chiffres, l'autre des faits, pour arriver à telle ou
telle solution ; tous deux additionnent, multiplient,

divisent ; le mathématicien avec des signes de convention, l'auteur avec les éléments que lui fournit la réalité, avec les ridicules, les vices et les passions de l'homme. S'ils ne prouvent pas ce qu'ils voulaient démontrer, c'est que l'opération est mal faite, qu'une erreur plus ou moins grave s'y est glissée.

La théorie de M. Dumas s'applique donc à merveille à ses drames, et l'on est en droit de juger ses dénouements d'après la règle qu'il a donnée. On sait avec quelle vigueur il les a défendus contre la critique, car le point où l'on a surtout attaqué son théâtre n'est pas celui auquel il tient le moins. Presque tous ses dénouements ont été l'objet de reproches nombreux, formulés au nom de cette logique où réside pour lui le talent suprême. A ce point de vue, j'ai, chemin faisant, loué le dénouement de *la Femme de Claude*, qui est bien la conclusion de l'œuvre entière ; mais, en livrant la raison secrète de deux autres dénouements fameux, celui de *Diane de Lys* et celui de *la Princesse Georges*, j'ai pris soin d'indiquer l'étonnement du public. Cet étonnement se comprend fort bien. M. Dumas le comprend comme nous, puisqu'il l'a expliqué dans la préface de *la Princesse Georges*. Naturellement, cette explication est une apologie. M. Dumas parle ainsi : « Il m'arrive souvent, après avoir mené le drame aussi loin que possible dans la déduction fatale d'une passion ou d'un caractère, de le ramener brusquement et finalement dans sa conclusion logique, celle, non du personnage isolé et passant par là, mais celle de l'humanité permanente et éternelle. » En d'autres termes, il arrive souvent à M. Dumas de rompre la logique de l'action, pour se placer d'un coup dans la région de la pensée pure. Le public, par exemple, attend la mort du prince de Birac ; M. Dumas le sait, mais soudain il suspend la marche du drame, et, comme il a ses raisons pour que la balle du comte frappe un innocent, le prince est sauvé. Voilà ce qu'il appelle la conclusion logique de l'humanité permanente et éternelle. Sur ce point, je demanderai seulement à notre auteur s'il n'est pas en contradiction avec le passage d'une autre préface où la logique recommandée par lui est la logique de l'action, la relation parfaite du point d'arrivée avec le point de départ. Cette logique-là est la vraie, au théâtre.

Le dénouement de *Diane de Lys*, en dépit de la peine qu'il nous cause, a sur celui de *la Princesse Georges* un très grand avantage : il satisfait l'intelligence. On comprend que l'auteur ait tué Paul au nom de la morale. Toutefois, si le dénouement est un total mathématique, j'ose dire qu'ici l'auteur n'a pas absolument réussi dans son opération. En effet, l'arithmétique théâtrale diffère de l'arithmétique proprement dite en ce que le mathématicien s'adresse uniquement à la raison, tandis que l'écrivain est tenu sur la scène de nous convaincre et de nous séduire tout ensemble. L'adhésion de l'intelligence n'est pas suffisante si le cœur proteste, le cœur qui, suivant le mot de Pascal, a ses raisons que la raison ne comprend pas. Les problèmes de la vie ne se résolvent à la satisfaction du public que si notre sensibilité approuve ce que notre pensée s'explique. Pour que la punition de l'amant ne soit pas une surprise, une sorte de chagrin involontaire, mal combattu par la réflexion, il est nécessaire que l'écrivain nous attache dès le début à celui des

deux personnages qui tuera l'autre. Or, le comte est
haïssable.

D'autre part, le dénouement n'est pas décisif,
lorsque seul le cœur est pris. Je songe aux *Idées
de madame Aubray*. Rien de plus émouvant que
l'héroïque mensonge de Jeannine, s'accusant de
fautes qu'elle n'a jamais commises pour décourager l'amour de Camille. Rien de plus pathétique
que l'interruption de madame Aubray, s'écriant :
« Elle ment !... épouse-la ! » Pour un instant, la
raison est vaincue par l'émotion ; on applaudit.
Mais, quand l'émotion s'est évanouie et que la raison discute froidement les conclusions de l'auteur,
nous répétons le mot de Barantin : « C'est raide ! »
Et ce mot, nous le creusons, nous en dégageons le
sens à loisir, et nous nous demandons avec inquiétude si madame Aubray n'est pas une illuminée, si
l'enthousiasme chrétien offre une règle de conduite
vraiment sûre, si le bonheur de Camille et de Jeannine durera longtemps. A l'apparition de la pièce,
M. Challemel-Lacour, dans un article remarquable, exprimait les doutes du bon sens, et citait les
vers de Didier, lorsque le malheureux amant de

Marion Delorme se félicite de mourir et répond aux prières de sa maîtresse :

> Tous les jours, peux-tu bien y songer sans effroi?
> Je te ferais pleurer, j'aurais mille pensées
> Que je ne dirais pas, sur les choses passées ;
> J'aurais l'air d'épier, de douter, de souffrir.
> Tu serais malheureuse ! — Oh! laisse-moi mourir !

L'éminent critique va trop loin. Entre la situation de Marion Delorme et celle de Jeannine, l'abîme est immense. Néanmoins, il y a des problèmes terribles qu'un élan du cœur ne tranche pas. Je comprends mieux le pardon de M. de Montaiglin que la décision de madame Aubray. Le mari de Raymonde ne peut opter qu'entre une douce pitié et le plus cruel des châtiments. Il choisit la pitié, parce que Raymonde la mérite. Madame Aubray ne se trouve pas dans cette alternative. Ce qui doit parler en elle plus haut que tout autre sentiment, c'est l'amour maternel ; et cet amour, si une brusque exaltation n'en troublait pas la vue, s'arrêterait avec un tel effroi devant les incertitudes de l'avenir, qu'en plaignant Jeannine, il la remercierait secrètement de son mensonge et de sa retraite. M. Dumas l'a si bien senti que le premier mouvement de madame Aubray est de refuser son consentement. « Tu me demandes une chose impossible, dit-elle, j'en appelle à toutes les mères. » Voilà le vrai, voilà le mot qui demeure en nous, survit à l'impression du dénouement, et, dans le calme de la réflexion, condamne la mère de Camille.

Il nous est plus facile maintenant d'apprécier la doctrine littéraire de M. Dumas. Ne laissez pas au spectateur le temps de discuter, imposez-lui vos conclusions dans une action si vive, qu'il les subisse sans résistance. On se rappelle ces conseils, j'ai cité le texte de l'auteur. Eh bien, répondons-nous, quel avantage y a-t-il pour une théorie sociale à ces coups d'État sans lendemain ? Si vous tenez sérieusement à faire accepter vos idées, il faut que la discussion, loin de nous en éloigner, nous y attache ; et, dès lors, au lieu d'aborder par leurs côtés les plus subtils les difficultés de la vie, traitez-les largement, sans aucune faiblesse pour le paradoxe. Car, remarquez-le, pour combattre les erreurs du Code ou les préjugés de la foule, point n'est besoin des violences qui vous plaisent, si les réformes qui vous séduisent ont pour appui la conscience universelle. En dépit de ses préventions, le public sentira que la nature est pour vous.

Empressons-nous d'ajouter que, plus d'une fois, M. Dumas a posé d'une façon souveraine les questions sociales les plus importantes. Par contre aussi, il lui est arrivé d'égarer le drame dans les chemins glissants de la sophistique.

V

A la fin de la préface du *Père prodigue*, nous trouvons cet axiome : « L'auteur dramatique qui connaîtrait l'homme comme Balzac et le théâtre comme Scribe serait le plus grand auteur dramatique qui aurait jamais existé. » La critique a le droit de mettre l'œuvre de M. Dumas en regard de l'idéal qu'il a si nettement défini.

Le théâtre, nul mieux que lui n'en possède les secrets. Son habileté n'a d'égale aujourd'hui que celle de M. Sardou, et c'est merveille de le voir aux prises avec les situations les plus malaisées. Dans les tours de force qui lui sont familiers, il garde une assurance, une intrépidité qui emporte l'applaudis-

sement et ravit d'aise les connaisseurs. Certaines de
ses pièces sont comme des gymnases aériens où les
émules de Léotard disposent si industrieusement
les points d'appui, qu'au moment où je ne sais
quel frémissement de terreur court sur le public à
la vue d'une évolution plus hardie que les autres,
la main de cet homme qui semblait perdu saisit
avec grâce un léger fil de fer, invisible presque à
l'œil du spectateur, et s'élance de ce trapèze fragile à l'extrémité de la salle. Ce sont d'adorables sur-
prises. Quelle adresse ! quelle sûreté de main ! Nous
sommes au dernier acte de *l'Étrangère*, très émus,
ma foi, à la pensée de ce duel où Gérard, l'amant
platonique de la duchesse, peut recevoir un coup
mortel. Si le duel a lieu, c'en est fait du sympathique ingénieur ; mais, d'autre part, si le duc
triomphe, le public ne le pardonnera pas à M. Dumas. L'issue est dangereuse... Rassurez-vous. Vous
avez rencontré tout à l'heure, chez mistress Clarkson, le singulier mari de cette femme plus singulière
encore ; ce personnage vous a amusé, mais dans la
suite, entraîné par l'action, vous l'avez presque
oublié ; tout à coup il apparaît ! Vous croyez qu'il

va servir de témoin à l'infâme mari de Catherine. Non pas : ce représentant de la libre Amérique a traversé l'Océan tout exprès pour sauver Gérard et tuer le duc. C'est un homme qui manie l'épée dans la perfection ; il est pressé, d'ailleurs, il faut qu'il retourne à ses affaires ; il traite le duc de misérable ; le duc se bat, le duc est mort. Vous êtes content. Tout est bien qui finit bien.

Scribe certainement a trouvé son maître.

Balzac a-t-il rencontré son rival ? Qui donc oserait l'admettre ? Avec l'œuvre de Victor Hugo, celle de Balzac domine le siècle. Avec Shakspeare, Balzac demeure l'observateur le plus profond, le peintre le plus saisissant de l'humanité. Nulle formule n'embarrasse son génie. Il n'appartient à aucune école. Il a voyagé dans l'âme humaine en voyant. Son œuvre est le défilé de tous les mondes, répugnante et splendide à la fois, vaste comme l'univers et variée comme lui. Balzac n'a transmis à personne sa puissance créatrice. Mais son influence est partout visible, chez nos auteurs dramatiques comme chez nos romanciers. Le goût du détail curieux et typique, un des charmes de M. Sardou ; l'analyse

implacable des plaies sociales, qui est la gloire de
M. Augier; l'étude des passions charnelles, où excelle M. Dumas : ces traits caractéristiques du
théâtre contemporain nous font songer à l'homme
extraordinaire qui, durant vingt-cinq ans, a tra-
vaillé au renouvellement de l'art, fouillé la société
dans tous les sens, porté la sonde dans les réalités
les plus basses, compté la fortune de ses personnages, interrogé leurs habitudes, leur famille et
leurs relations, afin de saisir les causes les plus mi-
nutieuses de leur caractère et de leurs aventures.

Dès son début, avec *la Dame aux camélias*, M. Dumas porta sur la scène les procédés de Balzac. Pour
faire vivre son héroïne, il se garda bien de la détacher du monde qui entoure les grandes courtisanes ; il multiplia les figures : il nous la montra
dans son boudoir, au retour de l'Opéra, durant un
souper où le champagne circule, où l'on se grise de
plaisanteries et de chansons. La figure de Marguerite Gautier dans son cadre ; la vie de son âme, ses
emportements fébriles et ses tristesses, éclatant
dans cette vie de tous les jours, dans cette gaieté
factice des bals et des fêtes ; la souffrance de ses

traits pâlis, l'attrait mystérieux de cette femme condamnée par les caprices et les folies de son existence à une mort prochaine : voilà ce que nous présente le premier acte de *la Dame aux camélias*, dans une suite de tableaux rapides où, sur un fond étincelant de lumière, parmi les cristaux et les bronzes, un certain nombre de personnages se groupent de la manière la plus heureuse autour du personnage central. L'art est parfait ; une série d'impressions analogues, de plus en plus nettes, pénètre en nous, y dessinant l'image de ce monde particulier et de cette belle créature atteinte déjà d'un mal incurable et courant de plaisir en plaisir avec cette espèce de cruauté contre soi-même où se trahit la fièvre d'une âme avertie de son destin. Oui, cette façon de distribuer autour du type principal toute une galerie de figures secondaires, qui sont comme autant de points lumineux dont il est éclairé, me paraît l'innovation capitale de notre siècle dans le domaine de la littérature, et cette innovation, nous la devons à Balzac.

Ce qui distingue, en effet, l'art moderne de l'art classique, c'est, pour écarter les formules vagues, les mots d'école, une plus large intelligence de la vie. Au lieu d'isoler l'homme de ce qui l'entoure et l'explique, l'art moderne cherche avec un soin minutieux tous les rapports d'un personnage avec la société dont il reçoit plus ou moins l'empreinte, avec les objets mêmes qui l'environnent. On sait l'extrême patience de Balzac dans cette enquête infinie, ses analyses et ses descriptions, son effort acharné pour nous donner, dans un procès-verbal d'une précision dramatique, la sensation complète de la rue, de la maison, de la chambre où doit se passer un des actes de son immense comédie humaine. Il fait en quelque sorte le siège de ses personnages, creusant, avant de pénétrer jusqu'au fond de leur âme, des tranchées profondes, concentriques, cercles nombreux, de plus en plus étroits, qu'il parcourt les uns après les autres, assurant sa marche, et s'avançant d'après une méthode scientifique jusqu'aux principaux types de son roman. Il les aborde enfin, ils sont à lui, nul secret ne peut lui échapper ; il tient en main les fils mystérieux qui les rattachent à telle ou telle ville, à l'éducation qu'on leur a donnée, aux spectacles qui ont formé

leur caractère, agi sur leur esprit et sur leur cœur.
Alors il noue le drame où ses héros vont se développer. Dans le progrès de l'action, sous les jours
les plus différents, ils nous présentent les faces
multiples de leur nature, et, quand on arrive au
bout du livre, on a dans l'esprit une de ces figures
qu'on n'oublie plus, qui vous restent comme le souvenir d'une personne avec qui vous avez longtemps
vécu et dont il est facile d'évoquer la démarche, le
regard et jusqu'aux tics. Assurément, entre l'art
du romancier et celui de l'auteur dramatique, les
différences sont innombrables, et, si les trois maîtres du théâtre contemporain procèdent de Balzac,
il est évident qu'ils ont plié sa méthode aux exigences de la scène.

Je ne parle ici que de la méthode, je tiens à le
bien noter pour qu'on mesure exactement le sens
de ce qui va suivre. En effet, celui qui a réussi
peut-être à la fléchir le moins, est M. Sardou. Grâce
au système dramatique qu'il a suivi dans toutes
ses comédies de mœurs, il a pu faire dans les
expositions satiriques dont il remplit les deux premiers actes de ses pièces, ce que faisait Balzac

avec les prodigieuses ressources du roman. Je n'entends pas dire qu'il enfonce aussi profondément ; mais, avant d'engager le drame, il s'applique uniquement, à l'aide du décorateur et par le dialogue, à nous peindre les alentours de ses personnages ; et ces personnages eux-mêmes, il les presse dans un va-et-vient perpétuel ; les traits partent, vifs, pénétrants, sonores ; et de la sorte, en l'espace d'une heure, il a condensé la substance des longs chapitres analytiques et descriptifs où se plaisait l'auteur du *Père Goriot*. Dans une étude sur M. Sardou, publiée dans la *Revue de France*, j'ai examiné de près ce système dramatique, si intéressant, si neuf, et tant blâmé ; je n'y reviendrai pas.

Ce que Balzac apporta dans le roman, ce que M. Dumas porta sur les planches, c'est le réalisme ; mais il faut s'entendre sur ce mot.

Je l'ai prononcé dans les premières pages de ce travail, sans en marquer la signification exacte. Il est nécessaire de la préciser maintenant. — Le réalisme n'est pas ce monstre épouvantable qu'imagine le goût timoré des personnes délicates. Terreur assez naturelle, du reste, depuis que certains écrivains ont mis leur ambition à déconsidérer le mot. Avec eux, il est devenu le pavillon d'une littérature systématiquement brutale, tandis qu'à le bien prendre, il désigne simplement la peinture impartiale de ce qui est. Représenter ce que la société offre à tous les regards, c'est faire œuvre de réaliste. N'est pas réaliste qui veut. On ne l'est pas quand, au lieu d'embrasser la vie dans sa complexité, on s'obstine à ne voir des choses qu'un seul côté, celui qui pue. Je définis le réaliste, l'artiste ouvert à toutes les impressions, amoureux du vrai, sans fausse pudeur, mais sans affectation de cynisme. Pour les laideurs et les difformités, il n'a point le noble dédain des classiques, mais il ne s'éloigne pas des élégances et de la beauté en faisant la moue. Il s'intéresse d'un intérêt très vif aux aventures de Coupeau, mais cherche volontiers du regard un monde plus raffiné. En un mot, il ne souscrit pas aux manifestes littéraires de M. Zola; il applaudit à cette préface des *Frères Zemganno*, où, si j'ai bonne mémoire, M. Edmond de Goncourt conseille aux romanciers d'élever leur observation vers la haute société. Il est vrai que les intérêts et les passions y ont des complications et des mystères, et qu'il faut, pour voir clair en ces délicats sous-entendus, bien de la finesse et de la pénétration ; mais l'homme dont l'école naturaliste invoque le nom à tout propos, Balzac, a su découvrir sous la politesse et l'ironie des mœurs aristocratiques, les tragédies cachées, l'éternelle épopée de l'amour. Balzac fut un réaliste accompli parce qu'il aima tout ce qui vit, jusqu'au rêve, qui est réel aussi.

M. Dumas est loin d'avoir étudié, comme ce rare génie, les classes les plus diverses de la société. Et même, on lui a reproché de s'être, avec les années, cantonné dans un monde de plus en plus resserré, dans une aristocratie singulière, mi-vraie, mi-fantastique. Mais n'allons pas si vite. Malgré tout, M. Dumas restera pour l'avenir un observateur de premier ordre, un trouveur. Rappelez-vous ses commencements. Dès son coup d'essai, il peint ce qu'il a vu. A coup sûr, il dépasse la réalité, mais il part de ses souvenirs, et, si *la Dame aux camélias* nous touche si profondément, c'est qu'on y sent la flamme d'une passion ressentie. L'auteur avait, comme on dit aujourd'hui, vécu son ouvrage. Rien de plus curieux, à ce propos, que les demi-confidences de la préface. — *Diane de Lys*, qui parut l'année suivante, fut composée de même, par le travail du cœur et de la pensée sur le souvenir. « Cette pièce, dit M. Dumas, est le contre-cri d'une émotion personnelle à laquelle l'art est venu donner un développement et une conclusion logiques qui lui ont manqué heureusement sur la terre. » Dans *le Demi-Monde*, l'observation s'étend, s'approfondit, elle aboutit à une véritable découverte ; elle ajoute à la topographie de la vie parisienne un coin mal connu jusque-là, jusque-là sans nom particulier, mais désormais fixé par la main de son explorateur avec une telle précision, qu'on n'a jamais tenté d'en redresser la carte. Voilà ce que j'appelle le réalisme, le réalisme affiné, exquis. — Ce n'est pas l'art de certains romantiques qui invente des intrigues et les développe ; c'est l'art scrupuleux et libre à la fois, qui, des veines de la réalité, extrait un diamant pour le tailler et le faire luire.

M. Dumas nous a conté la façon dont il travaille.

Il écrit la pièce comme si les personnages étaient vivants ; il leur prête le langage de la vie familière. Aux yeux du premier venu, ce n'est là qu'une ébauche ; pour les connaisseurs, le tableau est fini. « Quelques glacis, quelques lumières, la chose est au point, et l'harmonie éclate et se répand sur le tout. » Méthode excellente, la seule qui convienne à l'auteur dramatique, s'il veut peindre au vif un coin de la société. Néanmoins, cette vérité dans l'expression, que poursuivait M. Dumas dès 1852, a ses bornes ; et lui-même, en sa préface de *l'Étrangère*, les a marquées avec une incontestable autorité. A M. Zola, à ses disciples, il a prouvé que les mots orduriers devaient être et seraient à jamais bannis de la scène, malgré les exemples d'Aristophane et de Shakspeare. Il a cité « les merveilleuses scènes d'Alcmène et d'Amphitryon, de Cléanthis et de Sosie, où l'auteur force tous les spectateurs à voir ce qu'il ne veut pas leur montrer et à rire du mot qu'il ne leur dit jamais », comme « les exemples achevés et probablement inimitables de l'art de tout dire devant un public qui ne doit pas tout entendre ». — A coup sûr, la mesure n'est pas facile à garder. Il faut souvent au théâtre, pour donner l'impression de la réalité, sans blesser le goût, l'alliance de deux qualités rares ; et ce n'est pas un des moindres mérites de M. Dumas que de nous avoir offert le spectacle de cette union précieuse dans la composition d'un personnage « né peuple », qu'un écrivain brutal aurait vingt fois manqué. J'ai nommé madame Guichard, le type le plus gaiement trivial de la parvenue qu'on ait osé nous montrer sur la scène.

Autrefois servante dans je ne sais quelle auberge de province, élevée jusqu'à lui par son maître et amant, qui légitima leur union deux heures avant de mourir, madame Guichard a maintenant cinquante mille livres de rente ; et, comme elle est de complexion fort amoureuse, elle peut mettre le prix aux bonnes grâces d'un bellâtre infâme, qui, d'ailleurs, se dispose à l'épouser. C'est à peine si elle sait lire et écrire ; elle n'est plus jeune, et, pour lui emprunter ses paroles, son visage est une vraie frimousse ; avec cela, très fière de sa fortune, aucun tact et point de goût ; enfin, ce qui achève le portrait, d'une admiration comique et terriblement jalouse pour le joli monsieur qu'elle entretient. Perpétuellement en garde contre les infidélités que pourrait lui faire le bel Octave, elle épie ses moindres démarches, et perce avec fureur les mensonges dont il essaye de l'envelopper. Mais, que voulez-vous! elle manque de courage quand elle le contemple : il a de si petits pieds, et de si petites mains, et des yeux, et une voix ! La colère de madame Guichard ne tient pas contre de pareils charmes. Bonne femme, au demeurant, et nullement coupable de ses gros péchés. Sa morale est élémentaire autant que son instruction ; mais la fourberie lui répugne. « Il n'y a qu'une chose qui me révolte, s'écrie-t-elle, c'est le mensonge ! » Et de vrai, elle parle comme elle sent et dit bien ce qu'elle pense. Les convenances ne la gênent point : elle les ignore, et son langage a toute la verdeur du langage populaire. En arrivant chez le commandant Montaiglin, elle dira à Raymonde : « La femme du commandant, c'est vous, madame ? » Puis, avec une verve bouffonne et presque faubourienne, elle lui raconte tout ce qu'elle a fait depuis le matin pour surprendre son amant :

récit à la diable, chef-d'œuvre du « va comme je te pousse », avec ses maximes cocasses, ses aveux étonnants, ses interrogations justement déplacées. C'est, d'un bout à l'autre, la franchise, la brusquerie, l'éclat drôlatique d'un ouvrier en veine d'esprit. Mais voici où j'admire : dans ce morceau de bravoure naïvement burlesque, rien qui offense une oreille délicate ; parmi les étincelles de ce feu d'artifice à la grosse, pas un trait qui scandalise le public et trouble notre gaieté. La maîtresse de M. Alphonse a des mots désopilants ; elle ne prononce pas un gros mot. Sa parole est vivante, elle est pittoresque, et cependant elle est pure d'argot. — Saisir la nuance avec une telle dextérité, rester si maître de soi, en serrant de si près la nature : voilà, ce me semble, qui atteste un écrivain.

De même, dans le personnage de M. Alphonse, ce qu'on ne saurait trop admirer, c'est l'alliance de ces deux qualités : la vigueur de l'observation et la finesse du trait. M. Zola lui-même l'a reconnu, il y avait quelque courage à jeter sur les planches ce « gommeux » corrompu, froidement cynique ; et, pour que le public ne se révoltât point, l'adresse

du plus adroit n'était pas superflue. C'était jouer
gros jeu que de placer au centre d'une comédie ce
misérable « petit frisé » qui, pour son coup d'essai,
séduit une enfant, l'abandonne après l'avoir rendue
mère, et, plus tard, glissant de turpitude en turpitude, accepte l'amour et l'argent d'une parvenue de
la gargote, la pousse au mariage, et mérite de ne pas
trouver un mot qui le relève, quand madame Guichard, revenue de ses illusions, l'accable de son
mépris et le chasse comme on chasse un laquais. —
Au reste, il a du chic, ce mignon à gages ; il joue
l'homme du monde, le blasé de grand ton, et se croit
certainement la tête bien faite, ayant juré « de n'ê-
tre la dupe ni des choses ni des gens ». Il se vante
de voir la vie telle qu'elle est, a des formules toutes
prêtes à l'appui de ses infamies, et, sans le moindre embarras, évoque les plus accablants souvenirs.
Profondément fat, il a la fatuité de l'esprit comme
celle de la beauté : la complication des événements
qui aboutiront bientôt à la plus épouvantable des
tragédies domestiques, ne l'épouvante pas ; il est sûr
de s'en tirer à sa gloire, et s'écrie : « Utilisons
le hasard, c'est la providence des gens d'esprit. »

11.

Ne croirait-on pas entendre Figaro? Mais, hélas! il ne s'agit pas d'un de ces jolis tours où le public est d'accord avec le mystificateur, comme dans *le Barbier de Séville*; ce que M. Alphonse nomme sa providence, c'est l'union de la femme qu'il a trahie avec un homme qui fut l'ami de son père! Et cette femme qu'il a presque violée, quand elle était vierge encore, cette femme, que dévore depuis des années le remords d'une faute dont il est seul coupable, il a l'impudence, au moment même où il lui déchire le cœur, de l'appeler « ma chère » ! Il faut qu'elle le rappelle au respect qu'il lui doit. Il s'incline ; mais, dans cet outrage, aussi rapide que l'éclair, se trahit l'absence de ce que la politesse des manières ne lui donnera jamais : le tact, la politesse de l'esprit. — Ajoutons qu'en dépit de ses prétentions au dandysme, l'aplomb superbe du vrai roué lui manque; et cet aplomb que rien ne déconcerte, lui manquera toujours. Congédié par Montaiglin, il sort la tête basse, il fait presque pitié. Mais soyez sûrs qu'il n'est pas ému ou plutôt que l'unique émotion dont il soit capable est l'amer regret de la fortune qu'il perd en perdant l'a-

mour de madame Guichard. Jamais le repentir ne
l'effleurera : l'âme est atteinte jusqu'au fond. Vicieux
de nature, il mourra dans le vice, à moins que, sur le
tard, inquiet de l'au delà, il ne se réfugie par terreur
dans les bras du prêtre. Les don Juan de haute volée, celui de Molière et le d'Estrigaud de M. Augier,
singent la piété, mais ne se convertissent pas ; leur
orgueil le leur défend. Les libertins de bas étage
n'ont pas cette vigueur morale ; et, quand la mort
s'approche, moins encore, lorsque la maladie les
frappe, le cœur leur manque : pris de vertige, ils
appellent à l'aide, non pas la religion, mais le
confesseur ; lâches devant la mort comme dans
la vie.

M. Dumas n'avait pas à suivre son héros jusque-
là. Il en a fixé les traits à l'heure brillante où les
échecs ne désespèrent point. Déjoué dans ses calculs, humilié, flétri, M. Alphonse peut se consoler en songeant à la carrière qui lui est ouverte :
un long avenir s'étend devant lui.

Il est à remarquer que cette vigoureuse création
apparaît dans le théâtre de M. Dumas à la veille de
l'Étrangère, au lendemain de *la Femme de Claude*.

Contraste singulier, d'où se dégage une observation qui a son prix : c'est que la pensée de l'auteur, obscurcie, dit-on, par des visions apocalyptiques, demeure, jusqu'en ses imaginations les plus surprenantes, parfaitement lucide et maîtresse d'elle-même. Suivant les paroles d'un critique très délicat [1], « ces fantasmagories dont s'émeuvent la pitié des uns et la colère des autres, M. Dumas est le magicien qui les évoque, et non l'halluciné qui les subit...; même quand il marche vêtu de nuages sur les sommets ardus de la spéculation..., il est sûr de son équilibre. » Voilà la vérité; et, d'ailleurs, M. Dumas lui-même, à la fin de sa dernière préface, nous découvre à demi ses intentions. Rappelez-vous cette page de M. de Montégut sur les subtiles et tendres fantaisies de Shakspeare, *le Conte d'hiver*, *Cymbeline*, *la Tempête*, *le Songe d'une nuit d'été*. M. Dumas l'a citée à dessein, parce qu'à l'exemple du poète anglais, mais sans quitter la terre et la société moderne, il a voulu dans le drame mêler le rêve à la réalité. Entre-

1. Ganderax, *Chronique théâtrale du Parlement*, 17 novembre 1879.

prise malaisée, où l'on risque de se perdre dans le royaume obscur de l'abstraction. M. Dumas ne s'y est-il jamais égaré? Les aventures de mistress Clarkson n'ont-elles pas quelque chose de trop romanesque? Pouvons-nous applaudir sans réserve au récit de son enfance et de sa jeunesse? Je vois à merveille que la physionomie de la « vierge du mal » en reçoit une étrange clarté, mais enfin je n'ose pas approuver de tout point. Quant à Césarine, si mal comprise, je l'admire franchement : la terrible beauté de cette figure à la Michel-Ange me ravit autant qu'elle m'effraye. Monstre superbe aux traits violemment démesurés, et que M. Dumas a pétri de boue et de sang. Il n'y a pas jusqu'aux peurs sans motif et sans mesure, aux peurs de folle ou de bête fauve, dont Césarine nous offre le spectacle, qui ne me paraissent justes et vraies. De même les superstitions enfantines dont elle est travaillée, et les signes de croix dont elle essaye d'écarter en fuyant le danger imaginaire qui la fait pâlir et trembler. Il est naturel qu'au bruit d'une arme à feu, cette « bête » frissonne et montre les dents comme un loup, selon l'expression de

M. Dumas. Une terreur farouche va bien à ce front sauvage et tourmenté. L'énergie dont la nature a doué la femme de Claude pour le mal, n'exclut pas ces lâchetés de la chair et ces faiblesses de l'esprit. Au fond de la plus redoutable courtisane, l'ironie du destin loge souvent la peur. Mais suivez-la, cette Césarine : avec Claude, elle est merveilleuse de ruse ; et, pour séduire Antonin, elle dégage de toute sa personne un charme irritant et mortel. Elle manie la corruption, joue la comédie de l'amour comme on ne l'a jamais fait. Elle a des larmes qui embellissent son regard, des mots douloureux où l'âme semble passer, des élans où elle enveloppe de ses bras nus et grise de son haleine le malheureux enfant qui l'adore. Elle se plaint d'une voix qui est une séduction, conseille le renoncement d'une bouche qui appelle le baiser ; et, quand elle a mordu le cœur et les sens de celui qui l'écoute et qui la regarde, elle lui porte un coup suprême, en lui montrant la mort, c'est-à-dire l'apaisement et l'oubli, au bout des voluptés coupables où elle l'entraîne.

Voilà bien, avec madame de Terremonde, le

type le plus effrayant de ce que M. Dumas nomme « la prostitution ». C'est pourquoi, à côté de ce personnage, je tiens à placer la princesse Georges, la femme du prince de Birac, pour reposer un instant le regard et la pensée. Les femmes, si durement traitées par l'auteur, lui pardonneront beaucoup en faveur de cette touchante création.

Un souffle de poésie, brûlant et pur, illumine cette figure incomparable, cet idéal vivant de la passion dans le mariage. La princesse Georges est une âme. Elle a toutes les violences de l'amour et de la vertu qu'on outrage, mais elle pardonne après avoir maudit. Que dis-je ! c'est elle qui demande pardon, c'est elle qui supplie. La mort attend son mari s'il franchit la porte ; et elle le tient embrassé ; et, dans l'élan d'une tendresse infinie, elle le conjure de ne point courir à sa perte : « Je ne suis qu'une femme, décidément. Non, je t'aime toujours, je le sens. Ce n'est pas ta faute si tu en aimes une autre qui ne t'aime pas. Je t'aime bien, moi, malgré tout. Quelle puissance que l'amour ! »

Oui, la princesse Georges est une femme à la

Shakspeare. Comme l'Hermione du *Conte d'hiver*, comme Imogène, l'amour en elle est une fatalité, mais en même temps il est une vertu. Synthèse éminemment dramatique, car il n'y a pas de sacrifices où ne puissent s'élever, quand ils s'associent, le devoir et la passion. Les réconcilier sur la scène appartenait à l'homme qui, de nos jours, a le plus énergiquement développé les terribles effets de leur désunion. Envisagé de la sorte, le drame de *la Princesse Georges*, loin d'être en désaccord avec l'œuvre entière, nous en paraît l'achèvement naturel; il en est, pour ainsi parler, la flèche d'or. Par cette flèche se dresse jusqu'aux régions de l'idéal un théâtre dont les fondements posent sur la plus âpre réalité. Et certes, l'on comprend que, dans la préface de *l'Étrangère*, M. Dumas ait donné cette définition de l'art : « L'artiste ne mérite véritablement ce nom que lorsqu'il idéalise le réel qu'il voit, et réalise l'idéal qu'il sent. »

LE
THÉATRE DE M. SARDOU

LE
THÉATRE DE M. SARDOU

I

M. Sardou est jeune encore, il est le plus jeune de ceux qui, parmi nos écrivains dramatiques, peuvent dès maintenant songer à la postérité. Il a fait beaucoup, il a poussé des pointes un peu partout, avec un je ne sais quoi d'inquiet de hardi, d'aventureux même, surtout, et j'y insiste, avec une souplesse merveilleuse, de *Rabagas* à *la Haine*, de *la Haine* à *l'Oncle Sam*, de *l'Oncle Sam* à *Daniel Rochat*; mêlant le drame et parfois le mélodrame à ses comédies les plus étincelantes, outrant la plaisanterie jusqu'à la charge, et souvent aussi relevant la caricature par l'éclat soudain et la grâce d'une fantaisie toute française.

Cette imagination, qui, dans *la Haine* et dans *Patrie*, nous fait entendre un écho lointain de Shakspeare ; cette verve qui, dans *la Famille Benoîton*, dans *Séraphine*, dans *Dora*, n'a pas d'égale aujourd'hui ; ce démon d'espièglerie, de malice et d'aplomb qui a si bien compris son public et l'a si bien pris ; que les intrigues les plus compliquées n'embarrassent pas ; qui nous séduit et nous emporte jusque dans les moments où nous voudrions le plus lui résister ; « cette incarnation du théâtre », comme l'appelait Barrière, est bien la plus mobile et la plus fuyante des incarnations, puisque, après avoir si longtemps amusé, étonné, ému, il a voulu s'élever jusqu'à la comédie la plus haute, traiter les questions les plus graves dans un drame qui repose tout entier sur le développement et sur la lutte de deux caractères.

L'œuvre de M. Sardou n'est pas achevée ; et certes il nous réserve plus d'une surprise. Mais ce qu'il a donné en dix-huit ans est immense. Parcourez la liste de ses œuvres, et, si vous avez, comme moi, à les lire en critique, la plume à la main, l'esprit toujours tendu vers la réflexion, je vous en préviens, vous tremblerez un peu. M. Sardou a débuté en 1859 ; et, s'il va, dix-huit années encore, du train dont il a marché jusqu'à présent, il prépare aux Sainte-Beuve futurs une belle besogne.

Il est vrai que ses pièces n'ont pas toutes même ampleur et même importance, bon nombre sont courtes ; mais la plupart sont longues, quelques-unes même le sont trop ; il y faudrait retrancher, l'abondance va jusqu'à l'exubérance. Et pourtant il y manque quelque chose, et ce quelque chose est très précieux : je veux parler des préfaces. *La Haine* a son avant-propos, et l'on trouve, en tête d'une petite comédie bien ancienne, une lettre singulièrement vive à M. Jouvin. Mais *Nos Intimes*, mais *Nos bons Villageois*, et *Fernande* et *Séraphine* et *Dora*, et *Rabagas*, et *Patrie*, pour ne parler que des œuvres les plus saillantes, se présentent au lecteur, sans l'arrêter un instant sur le seuil par un bout de causerie littéraire. Elles sont cependant bien utiles, ces conversations, ces préfaces, comme on les appelle ! Elles plaisent tant aux esprits qui tiennent à connaître l'homme autant que l'auteur, ou qui plutôt s'imaginent, avec raison, je crois, comprendre mieux l'auteur quand ils ont fait connaissance avec l'homme.

M. Sardou n'est sans doute pas, en principe, l'ennemi de ces entretiens familiers où l'écrivain parle de lui-même, de ses intentions, des formes diverses qu'a revêtues sa pensée avant de se fixer, des critiques de la critique et des réponses qu'on y peut faire. Il sait combien les examens et les préfaces de Corneille, celles de Racine, de Molière, de Beaumarchais (je ne veux citer que les anciens) aident à l'intelligence de leurs œuvres. Pourquoi donc nous fait-il attendre si longtemps une satisfaction dont nous lui saurions un gré infini ? Sans doute une pièce doit se protéger elle-même, et, pour admirer le *Misanthrope*, point n'est besoin que Molière nous mène par la main, ainsi qu'un pédagogue, et nous marque d'une croix les vers les plus importants de son œuvre. C'est à nous de les voir ; mais aussi est-ce une sorte de commentaire à la La Harpe que le public demande à l'auteur dramatique ? Le public veut autre chose, ce que la pièce ne montre pas et qui cependant l'éclaire d'un jour plus vif. Libre à M. Sardou d'écrire, en finissant sa lettre à M. Vitu sur *la Haine* : « Aussi bien le plus sage est-il de laisser ma pièce se défendre toute seule ; car, ou ces objections ont leur force, et tous mes raisonnements n'y feront rien..., ou elles sont sans valeur, et dès lors elles tomberont d'elles-mêmes. » Mais, en dépit de ce dilemme, M. Sardou a écrit sa lettre, et ce serait l'offenser autant que manquer à la justice que de ne pas l'en remercier. Car on y rencontre les renseignements les plus curieux ; et les déclarations chevaleresques de l'écrivain, au sujet de la femme, jettent sur un des points les plus intéressants de son théâtre une clarté nouvelle.

Il y a surtout, dans le domaine illimité de la comédie, un coin où la préface me semble indispensable ; c'est le cap le plus escarpé, la pointe la plus hardie de ce domaine : c'est la satire politique ou religieuse. Séjour de tempêtes, écueil où viennent se heurter les passions des partis, et qui, par conséquent, dans la mêlée, risque d'échapper, au moins en un point, au regard de l'observateur le plus attentif. La pièce peut être admirablement traitée, peu importe. Aveuglément, l'un s'empare d'un mot, l'autre d'un autre ; la polémique brouille tout et la pensée de l'œuvre ne parvient pas à se faire jour. C'est le devoir de l'écrivain de la dégager, d'imposer silence à l'orage et de crier aux uns comme aux autres : « Vous êtes tous dans le faux. Voici le vrai. Écoutez-moi ; mettez-vous où je me suis mis, et vous verrez ce que j'ai vu, vous entendrez ce que j'ai dit. » — Certes, dans le *Tartufe*, Molière a bien marqué son dessein, et pourtant il a cru devoir écrire une préface. Cléante avait parlé pour lui ; afin de ne laisser place à aucune équivoque, Molière a parlé lui-même, en son nom. M. Émile Augier s'est exprimé nettement dans *le Fils de Giboyer;* il n'en a pas moins pris la parole à son tour, pour être plus net encore. « Le vrai titre de ma comédie, s'écrie-t-il, serait *les Cléricaux,* et j'ai l'habitude de dire les choses assez franchement pour ne laisser à personne le droit de me prêter des sous-entendus. » Pourquoi M. Sardou n'a-t-il pas suivi l'exemple de Molière et de M. Augier, quand éclata, aux représentations de *Rabagas,* cette fameuse querelle dont l'écho ne s'est pas encore éteint ? Il avait bien le droit, ce me semble, d'intervenir dans la discussion et de protéger ses intentions à la fois contre la colère excessive des républicains et contre l'enthousiasme irréfléchi des conservateurs.

II

Je l'avoue dès le commencement, et j'espère qu'on s'en est aperçu déjà, j'ai pour le talent de M. Sardou une singulière estime. On a chicané ce fécond et souple esprit sur des vétilles ; on a combattu son système dramatique qui pourrait bien être excellent. On l'a accusé de ne jamais faire sortir le drame des entrailles mêmes de la comédie ; et, si la remarque s'applique à certaines d'entre elles, je montrerai qu'elle est tout à fait inapplicable aux œuvres les plus sérieuses de son théâtre. On s'est plu à le rabaisser en le comparant avec Molière, sans qu'il ait jamais sollicité pareil rapprochement ; on n'a pas suffisamment observé qu'au-dessous peut-être de l'art classique qui cherche à créer des types, il y a place pour un art différent, distribuant tel ridicule ou tel vice sur un certain nombre de personnages, unis entre eux par certains liens, et formant comme les rayons plus ou moins affaiblis d'un personnage central, marqué de traits plus forts et plus éclatants : enfin on a trop souvent oublié que, si parfois ses héros ne vivent pas d'une véritable vie, on voit dans son œuvre des hommes et des femmes qui ont du sang dans les veines, un cerveau où la vie s'agite intense et puissante, un cœur que brûlent et dévorent les passions. Séraphine est bien vivante à ce qu'il me paraît, et Dolorès est une des femmes les plus épouvantablement belles qui aient marché sur la scène en notre siècle. Rysoor, Orso, voilà des personnages encore qu'il est assez difficile d'oublier ; et je ne dis rien de ce blanc cortège de jeunes femmes et de jeunes filles, si touchantes et si vraies, si bien étudiées et peintes d'une main si délicate. Tels sont les points saillants où je serais heureux d'appeler aujourd'hui l'attention du public.

Mais ce qui frappe au premier abord, ce que je tiens à marquer avant tout, c'est la vigueur et l'aspect imposant de l'ensemble. Quelle richesse de tons, quelle magie d'observation et d'esprit, quel mouvement, quelle entente souveraine de l'action, quelle prodigalité de scènes hardies, et toujours menées jusqu'au bout avec une habileté d'enfer! Oui, sans doute, je fais mes réserves sur certains moyens, sur certains effets, sur la qualité même d'un certain esprit. Je saisis et je marquerai le point exact où l'émotion passe de la raison et du cœur aux nerfs seuls, et détraque la machine humaine sans ébranler l'âme; mais enfin, si, le microscope à la main, dans le silence de la réflexion solitaire, on découvre des « verrues et des taches » assez nombreuses, comme disait Montaigne, il n'en reste pas moins des œuvres remarquables ; et, si l'on veut bien laisser de côté les comédies tout à fait inférieures, par un sentiment de justice qui est de tradition en critique, on est saisi, dominé, entraîné par la verve et la fougue de ce monde infiniment varié, où défilent la France et l'Amérique contemporaines avec leurs modes et leurs

vices, avec leur éclat et leur corruption, avec
le splendide et cynique étalage de leurs plaies
monstrueuses et magnifiques. — Entrez, je vous
prie, dans ce navire gigantesque qui suit, que dis-
je! qui brûle les bords d'un grand fleuve améri-
cain. Ce navire est, à la fois, le symbole et le tableau en raccourci de la civilisation la plus active
et la plus folle que la terre ait encore portée. Journalistes de la république transatlantique, pasteurs
étranges de cultes suspects, colonels riches à millions, agents d'élection, avocats impudents, jeunes
filles en quête de maris, à la démarche hardie, au
regard provocant, à la parole séductrice, aux baisers
calculés, aux langueurs pesées et comptées; jeunes
femmes, enfin, allant de mariage en mariage avec
une désinvolture candide : voilà, devant vous,
parlant, riant, criant, jurant, fumant, hurlant avec
son orgueil, son despotisme et sa jeune perversité,
non pas l'Amérique entière, mais une partie de l'A-
mérique, la plus remuante et la plus redoutable;
car c'est le regard tourné vers elle que de nobles et
grandes intelligences, comme M. Renan, accablent
sans pitié la démocratie et déclarent qu'elle va

droit au nivellement des cimes, à l'abaissement ir-
rémédiable de l'humanité. Oui, le voilà, ce nouveau
monde ; il s'agite en un acte ; il s'agite en pleine
lumière, dans une implacable clarté : emporté
lui-même à toute vapeur sur cette maison flot-
tante et brûlante qui en est bien l'arche antidi-
vine [1].

Aujourd'hui que les distances ne comptent plus,
traversez l'Océan, et vous retrouverez à Paris, dans
certaines familles, plus rares aujourd'hui, mais flo-
rissantes il y a quelques années, les mœurs de l'A-
mérique, leurs châtiments. C'est M. Benoîton avec
son joli système d'éducation positive ; c'est sa femme
qu'on ne voit jamais, parce qu'elle est toujours
sortie ; ce sont ses filles aux toilettes extravagantes,
qu'on prend pour des cocottes et qui le méritent ;
c'est ce petit monstre de sept ans, où fleurit, dans
toute sa laideur, la corruption de ces parvenus ;
Fanfan, qui joue déjà à la hausse et à la baisse, parle
argot et met la main dans le coffre-fort paternel ;
c'est enfin le fils de Formichel, ce Prudent dont les
calculs naïvement sinistres épouvantent jusqu'à

______

1. Premier acte de *l'Oncle Sam.*

son père et jusqu'à Benoîton, et qui, plus tard,
quand il apprend que sa fiancée est partie avec
Stéphen, avoue tranquillement, comme la chose
du monde la plus naturelle, qu'il négociait la veille
à 300,000 francs de dot, mais que, maintenant, il
ne traite plus qu'à 400, que demain il en demandera 500, et ainsi de suite. « Souhaitons, lui dit
Champrosé, qu'elle ne rentre que lundi prochain,
et vous aurez le million. » — Et, derrière cette
comédie au rire atroce, la discorde au foyer d'un
jeune ménage, le doute, la haine et la folie auprès
d'un berceau ! Voilà, en traits de feu, tracés par
M. Sardou, un coin de la société française avant
la guerre et l'invasion. — Sortez de Paris, et,
comme ce brave M. Morisson, aspirez à goûter le
repos et le calme de la campagne. M. Sardou vous
y a devancés; et, pour vous édifier, il a photographié
ces bons villageois que vous admirez sottement. Ce-
lui-ci, c'est Floupin, le pharmacien de l'endroit, le
plus fin de tous et le plus ambitieux. Prenez garde !
il y a bien du fiel dans ce conférencier austère, qui
maudit le luxe et croit fonder sa fortune municipale
sur la découverte et sur la trahison d'un adultère.

Tétillard et Grinchu sont les lieutenants, les complices idiots et repoussants de leur grand homme de village. M. Sardou les a vus et peints à la loupe. — Où allez-vous? Vous fuyez les maraîchers de Bouzy-le-Têtu ; vous tenez à vous enfoncer plus avant dans la province. Malheureux, qu'y trouverez-vous ? Demandez-le à M. Sardou ; il a rapporté de ses voyages toute une collection de grotesques; ce sont *les Ganaches*. Ce vieux marquis, entêté dans son dogme politique et religieux, adversaire du progrès sous toutes ses formes, l'entendez-vous malmener les chemins de fer et l'électricité? Et ce chirurgien démagogue, vous plaît-il d'essuyer ses tirades révolutionnaires et d'obéir à sa tyrannie jacobine? Et ce Fromentel, vrai type du bourgeois sans idées, mécontent de tous les gouvernements, et mettant sur leur compte ses bobos et ses rhumes, voilà pourtant celui qui, dans cette ménagerie humaine, représente le parti du juste milieu ! M. Sardou a mis à côté de lui le digne héritier d'un tel père, un jeune débauché de province qui se ruine la santé et court sans plaisir à la mort, tout en rêvant d'aller à Paris pour y fonder un journal, y faire du bruit, mais surtout, ah! surtout, pour y souper en compagnie d'actrices. — Est-ce tout? Non. M. Sardou a visité, il a peint deux mondes qui n'ont plus de nom, parce qu'on y rencontre tous les mondes, étrangement mêlés et confondus. Mais l'un est un égout, c'est la société des tripots, « fils de famille, aventuriers, anciens militaires, repris de justice, banqueroutiers, ci-devant magistrats, provinciaux naïfs, rentières, entremetteuses, petits bourgeois, filles perdues ». (*Fernande*, acte Ier, scène XII.) — L'autre est aussi brillant à la surface qu'un lac aux eaux limpides; mais cet éclat trompeur est comme la pureté du manteau de cristal jeté par l'hiver sur le pire des marais. Monde d'intrigantes et d'espionnes, d'agents secrets et de fausses comtesses, où l'on coudoie d'honnêtes gens et des gens du meilleur monde, qui, le plus souvent, ignorent ce qui se passe autour d'eux; on y parle avec élégance, la délation y a de belles manières; la femme qui se vend y porte un nom, y revêt une dignité de grande dame. L'égout est à Montmartre, le lac brillant et plein d'abîmes secrets est à Nice. — C'est *Fernande* et *Dora*.

Mais le présent ne suffit pas à l'activité de M. Sardou. Il adore l'histoire, la fantaisie, la féerie, le drame romantique. Boulevardier de génie, il est en même temps un érudit, un archéologue, un artiste. Il raffole du Dante et de Cervantes; il adore les vieilles chroniques; et les meubles, les robes, les modes du règne de Louis XV et du Directoire font ses délices. Hommes et choses d'autrefois, tout revit pour lui, dans les estampes, dans les statues, dans les draperies qu'il collectionne avec amour. Il connaît le moyen âge, le xvi° siècle, le xvii°, le xviii°, aussi bien que le nôtre et de la même façon : par leurs passions et par leurs vices, par leurs combats et leurs folies, par leur philosophie et leurs toilettes, par leurs épopées et leurs chansons. Son esprit est à la fois une bibliothèque universelle, un musée de tous les temps, un magasin immense de bric-à-brac. Balzac, Hugo et les frères de Goncourt ont déposé dans son intelligence et dans son cœur quelque chose de leur essence; et c'est ainsi que, par une sorte de miracle, la curiosité sans bornes et l'investigation minutieuse du savant moderne se rencontrent en lui avec le culte de Shakspeare et l'amour profond des époques disparues. Comme son temps, il est encyclopédiste et cosmopolite, tout en restant Français ; et certes, après de longues heures données à l'amour du bibelot, je ne serais pas étonné que, rentré chez lui, il allât prendre un Michelet, et que, seul à seul avec cet évocateur héroïque des temps passés, il sentît, durant cette noble veillée, se succéder en son âme les terreurs les plus hautes et les plus généreuses admirations.

Ce double enthousiasme de collectionneur et de poète, dans un esprit singulièrement parisien, explique à merveille l'étonnante variété d'un théâtre où paraissent tour à tour l'Espagne et la Hollande du xvi° siècle, l'Italie du xiv°, la France de Louis XV, la France de la Révolution et la France d'aujourd'hui : *Don Quichotte* et *Séraphine, Monsieur Garat* et *Maison neuve, les Merveilleuses* et *la Haine, les Prés Saint-Gervais* et *Patrie.*

A coup sûr, c'est la société contemporaine qui tient la plus grande place dans l'œuvre de M. Sardou.

Mais, quand il a fouetté jusqu'au sang ce monde étrange et monstrueux de commerçants tarés, de viveurs décrépits, de parvenus égoïstes, de caissiers en fuite, de fausses dévotes et de danseuses cyniquement illustrées; voilà que, soudain, le Français du second empire secoue la poussière et la boue des vices contemporains, s'envole et vogue librement dans l'espace et dans le temps. Tantôt légère et souriante, son imagination effleure la terre, chante la jeunesse et l'amour avec le prince de Conti, va, vient, court d'aventure en aventure avec Figaro, applaudit aux exploits des toréadors espagnols et rosse les archers, au bon temps de Sancho Pança, s'éprend des brunes et des blondes avec don Fernand, et se joue follement dans l'épopée bouffonne de Cervantes; tantôt puissante et passionnée, elle s'élève à des hauteurs inattendues et jette sur la scène l'exil et la mort, les Guelfes et les Gibelins, la guerre civile et la guerre étrangère, la peste et l'inquisition, la foi profonde des républiques italiennes et le sombre héroïsme des Flamands révoltés contre la tyrannie sanglante de Philippe II.

Souplesse et fécondité sans exemple depuis

bien longtemps. On est ébloui, confondu. Dumas, certes, a la verve plus âpre, l'ironie plus amère; Émile Augier, la main plus noblement ferme et le goût plus sobre; mais ni l'un ni l'autre, malgré leur grand talent, n'ont l'abondance, les ressources infinies, la fantaisie sonore, la violence caricaturale et la puissance romantique de M. Sardou. Cantonné dans un monde à part, M. Dumas en a frappé l'image impérissable. Tourné davantage vers les modèles classiques, plus sévère pour lui-même, séduit par les nuances, esprit à la fois délicat et viril, plus littéraire, en un mot, et plus académique, M. Émile Augier charmera longtemps encore les gens de goût, les lettrés. Mais, si l'auteur du *Demi-Monde*, ensorcelé par ce monde qu'il maudit et flétrit au nom de l'Évang.ie, de la Bible et des systèmes les plus contradictoires, est, comme on l'a spirituellement dit, un nègre trempé dans l'eau du Styx, et jeté, dès sa première jeunesse, au centre même de la fournaise parisienne; si le culte des maîtres, la simplicité mâle de la pensée et la précision du style, nous font ad-

mirer dans le peintre des *Effrontés* un homme du
xviie siècle, qui, né dans le nôtre, a mis à le
contempler, à l'explorer, à le représenter enfin,
des qualités qui sont presque des vertus, — une
candeur, une patience aujourd'hui bien rares, —
nul, je pense, n'hésitera à reconnaître que M. Sardou, avec son humeur toujours inquiète, parfois
brusque, violente et tourmentée, souvent espiègle
et mutine, et d'autres fois héroïque, a trouvé plus
de situations, plus audacieusement mêlé les genres, plus bravement accumulé les obstacles, sur
une scène, où, comme dans une féerie éblouis-
sante, paraissent et disparaissent plusieurs pays
et plusieurs temps. C'est par cette richesse de
couleurs et de notes qu'il excelle, s'impose aux
esprits les plus divers, et, malgré les critiques
les plus justes, emplit de sa renommée les scènes
de l'Europe et de l'Amérique. — Il blesse parfois les difficiles, les raffinés. Les fanatiques de
l'art pour l'art, les génies laborieux qui cisèlent
le moindre joyau avec un orgueilleux amour, et
se pâment délicieusement devant un sonnet où tout
brille et scintille ; les dévots de Baudelaire, les es-

théticiens du *Parnasse contemporain*, ne doivent accorder qu'une médiocre estime, si toutefois ils sont logiques, à ce théâtre colossal et polychrome. Oui, certes, on y trouve du clinquant, mais quelle prodigalité de pourpre et d'or! Dès l'année 1865, Théophile Gautier rendait à merveille l'impression générale que j'essaye d'exprimer en ce moment. « Quel singulier constructeur, s'écriait-il, que M. Victorien Sardou! A quelle école a-t-il puisé les principes de cette architectonique bizarre, capricieuse, qui préside à l'élaboration de ses plans, et qui lui inspire l'arrangement de ces grands bâtiments qu'on nomme comédies. Dès la façade, l'œil est tout désorienté, tout distrait par mille combinaisons insolites,... dans l'ornementation règne une incohérence apparente. A côté des bas-reliefs où se déroulent des scènes tragiques, on en voit d'autres où gambadent des satyres au pied fourchu et des nymphes échevelées... Alternativement ébloui et terrifié, vous voudriez peut-être bien vous échapper, mais le charme vous tient solidement par la main; il faut visiter toute la maison, d'où vous sortez enfin sain et sauf. »

On en veut trop souvent aux riches, et l'on cherche, avec le secret désir de les diffamer, les sources
diverses de leur fortune. On l'a fait maintes fois
pour M. Sardou. On l'a accusé de plagiat avec achar-
nement. *Les Pattes de Mouche*, qui furent la véritable origine de sa renommée, le furent aussi de
cette accusation infatigable. Les envieux ne se las-
sèrent point. Avec une ténacité de rongeurs,
ils fouillèrent les bibliothèques, tout fiers d'en
rapporter telle nouvelle d'Edgar Poe, tel vaudeville oublié, tel vieux drame de Méry, tel roman
de Charles de Bernard, tel conte de Diderot, plus
ou moins analogues dans le fond à telle ou telle
comédie de notre auteur. Étrange travail, en vérité, et bien misérable! car, enfin, si M. Sardou
n'a pas créé de toutes pièces cet édifice immense
dont j'admirais, tout à l'heure, les vastes proportions, s'il en a pris les matériaux à droite et à gau-
che, devant et derrière lui, il en est bien l'architecte, après tout : et c'est un maître ouvrier, que
l'auteur de ces plans hardis et complexes, tracés
d'une main si vigoureuse et si fantasquement habile. Les matériaux d'une œuvre d'art sont à la

disposition de tout le monde ; et cependant, ils sont
rares ceux qui ont reçu le don d'en tirer parti.
J'ai presque honte, je l'avoue, d'insister là-dessus ;
et, si je m'y résigne, c'est que j'y trouve l'occasion
de citer une page décisive de M. Sardou lui-même,
sur cette fameuse accusation tant de fois renouvelée.
Il écrivait, en 1864, à M. Jouvin : « Il ne me serait
pas difficile d'établir, après vous, que le droit de
l'auteur dramatique à s'inspirer des sujets traités,
avant lui, sous une autre forme littéraire, est
consacré par l'usage de tous les temps; que le seul
fait de transformer un récit en action théâtrale
constitue, par la mise en œuvre tout autre qu'il
exige, un art bien différent du premier, et par
suite une création, une paternité toute nouvelle.
J'établirais, par de très bonnes preuves, que l'art
dramatique consiste moins dans le choix du sujet,
nécessairement restreint aux sept ou huit situations
primitives, qui se répètent toujours depuis Adam,
que dans le développement original par lequel on
le rajeunit, et que, depuis Hamlet, qui est Oreste,
jusqu'au père Goriot, qui est le roi Lear, il n'est
pas deux œuvres dont on puisse dire qu'elles soient

sorties tout armées du cerveau de leur auteur sans rien devoir à personne[1]. » Voilà le vrai. L'exemple de Molière invoqué dans cette lettre, l'énumération des œuvres mises à contribution par ce puissant esprit pour la composition de *l'Avare*, donnent une force nouvelle à la théorie de l'originalité dans l'emprunt. La création absolue dans le domaine de l'art est une chimère. Créer, dit-on, est le fait et la marque du génie. Oui ; mais, si l'on entend le mot *créer* dans un certain sens. On ne crée pas, on ne fait jamais que recréer. Le génie, ou, pour ne pas trop nous écarter de M. Sardou, le talent supérieur n'a qu'un procédé, qui est de frapper à son image ce que ses devanciers et l'observation personnelle lui fournissent. Dans une médaille, il y a deux choses : le métal et l'empreinte qu'il a reçue ; la forme et la matière, comme disait Aristote. Jusqu'à un certain point, la matière, dans le monde de la pensée et de l'imagination, est donnée à l'artiste comme au philosophe par ceux qui ont imaginé, pensé, écrit avant lui. Il ne leur doit rien, en réa-

1. Cette lettre se trouve en tête de la comédie intitulée *les Pommes du voisin*.

lité, s'il imprime à ce métal déjà précieux une forme originale. Rabelais, Shakspeare, ont fait comme Molière : ils ont pris leur bien partout où ils le trouvaient. Racine s'est inspiré, tour à tour, de Tacite, d'Euripide et de la Bible; mais il a mis dans toutes ses œuvres son art exquis, sa sensibilité profonde et fine, son cœur, c'est-à-dire son génie.

Qu'on veuille bien croire que je n'introduis pas M. Sardou dans la compagnie souveraine des grands créateurs. Mais il n'est pas mauvais de rappeler ici ces noms illustres; car, si les aînés de Dieu, comme dit Michelet en parlant de Gœthe, ont emprunté de toutes mains, il faut répéter avec M. Sardou « qu'il est bien cruel d'exiger de nous une création spontanée que l'on ne trouve pas chez des gens qui, outre la supériorité de leur génie, avaient encore sur nous l'avantage de nous précéder [1] ».

1. Voir la lettre à M. Jouvin, déjà citée.

IV

Le seul reproche que l'on puisse faire à un
homme de talent, c'est d'imiter trop fidèlement les
procédés de tel ou tel de ses devanciers; mais,
bien que M. Sardou ait étudié à l'école de Scribe,
je ne crois pas qu'on retrouve les traces de cet
apprentissage dans le choix de ses pièces et dans
l'audace des situations où il se plaît. Il a dû,
comme tout débutant, apprendre son métier; il en
a demandé les secrets à l'auteur qui, de son temps,
les maniait avec le plus de souplesse et de dextérité. Voilà tout. Il avait longtemps méprisé de
confiance cet incomparable metteur en scène, à

l'âge héroïque où l'on s'imagine que l'inspiration suffit et qu'il faut laisser le savoir-faire aux impuissants. Il professait alors pour la science du théâtre le dédain dont M. Zola se fait gloire aujourd'hui. « En dehors de certaines nécessités scéniques, s'écrie l'auteur de *Thérèse Raquin*, ce que l'on nomme aujourd'hui la science du théâtre n'est que l'amas des petites habiletés des faiseurs, une sorte de tradition étroite qui rapetisse la scène, un code de langage convenu et de situations notées à l'avance que tout esprit original se refusera énergiquement d'appliquer [1]. » Assurément il faut fuir la banalité dans l'invention et dans le style; mais ici M. Zola confond deux choses très distinctes : le métier et l'originalité de l'écrivain dramatique. On peut être fort original sans connaître l'A B C du métier, comme on peut écrire d'une façon personnelle sans bien savoir la grammaire; mais enfin la grammaire n'a jamais, que je sache, entravé la liberté de l'esprit; et la connaissance des conditions inévitables où doit se jouer la

1. Préface de *Thérèse. Raquin*. (Théâtre complet de M. Zola.)

pensée du poète sur la scène, ne gêne en rien la vérité de l'observation et l'indépendance de l'invention. Je dirai plus encore : il en est de l'habileté dramatique comme de l'esprit. D'abord on la méprise à moins de frais qu'on n'y atteint. Puis, si l'esprit est, pour un homme d'une valeur rare, la meilleure arme qu'il puisse mettre au service de sa pensée, n'est-ce pas aussi à la faveur de certaines finesses, de certaines roueries, si le mot vous plaît, qu'un écrivain de talent esquive au théâtre les situations vulgaires, et dispose les gens à le suivre dans ses conceptions les plus hardies? Les plus grands peintres, les plus grands sculpteurs n'étaient pas, ce me semble, des maladroits de génie. La vigueur a son prix; mais le sourire, la grâce, les séductions de la coquetterie féminine, grand Dieu! gardons-nous d'en faire fi. Ce charme est une puissance et d'autant plus irrésistible qu'elle se cache. — Tout genre a son esthétique. Celle du théâtre n'est pas celle du roman. On peut apprendre beaucoup chez Scribe. M. Sardou y a fait en quelque sorte sa rhétorique théâtrale; mais il a gardé son originalité, qui s'est fortifiée d'année en année ; et, s'il fut l'élève de Scribe, il n'en est pas resté, ou plutôt il n'en a jamais été le disciple.

L'élève, au reste, a passé le maître, en fait d'habileté. Il sait le théâtre par le menu, règle avec une merveilleuse entente les moindres détails de la mise en scène ; excelle à grouper les meubles, à imaginer les décors, à nouer et à dénouer les fils d'une intrigue, à faire entrer et sortir, aller et venir ses personnages, après nous les avoir présentés de la façon la plus vive et la plus naturelle.

Dans son *Paradoxe sur le comédien*, Diderot s'attache à démontrer que, pour atteindre au comble de l'art, un acteur ne doit pas seulement se pénétrer d'esprit et de cœur de son personnage ; après l'avoir compris, il faut qu'il recouvre la pleine possession de lui-même, note avec soin tout ce que lui fournit l'étude la plus attentive, et se répète sur la scène avec une minutieuse fidélité. Or, si le comédien doit posséder ainsi jusqu'aux infiniment petits de son rôle, ne pas oublier qu'à tel moment il lui faut faire un pas de telle dimension, élever la voix de la vingtième partie d'un quart de ton, respirer à cette virgule, précipiter le débit de cette demi-phrase, et soudain le ralentir jusqu'à ce point, quel doit être l'art professionnel de l'auteur, obligé par avance, et dans tout l'élan de la composition, de suivre sur la scène absente les moindres mouvements de ses personnages, et d'entendre en quelque sorte, par un miracle d'imagination, l'écho de leurs paroles dans la salle? Sans doute, aux répétitions, il peut corriger tel effet, adoucir ou supprimer; mais ces manœuvres sur place ne lui sont possibles que si l'œuvre est déjà construite avec un soin infini, jusque dans ses plus minces ressorts. Cet art particulier, de second ordre, si l'on veut, mais indispensable, M. Sardou le manie avec une étonnante dextérité. Il n'y a là-dessus qu'une voix. — Le mérite de ses expositions, leur intérêt, la vraisemblance avec laquelle il fait passer devant nous les divers acteurs du drame, et nous découvre leurs habitudes et leur condition sociale; l'importance du rôle joué dans ses pièces par la chose du monde qui se prête le plus naturellement à la fantaisie de l'auteur, et qui d'ailleurs a dans la vie un si grand rôle, y cause tant de malentendus, y porte à la fois tant de plaisirs et tant de douleurs, j'ai nommé la lettre ; l'adaptation même de l'appartement et du mobilier, l'analogie que notre écrivain ne manque jamais de nous montrer entre le caractère de ses personnages et les objets dont ils s'entourent ; tout cela est connu, on l'a dit et redit cent fois, et le public me saurait mauvais gré sans doute de l'y arrêter trop longtemps.

Mais, en revanche, on a reproché à M. Sardou cette habileté incontestée. A coup sûr, il la pousse quelquefois trop loin; mais cet abus de l'adresse n'est que rarement chez lui, comme chez Scribe, un ingénieux moyen de tourner les difficultés d'un sujet. Loin de jouer au plus fin avec les périls de l'entreprise, M. Sardou se plaît à les accroître, et ses tours de passe-passe ont pour effet ordinaire d'amener des situations plus curieuses et plus hardies. Il y a là, sans doute, un défaut d'un autre genre. Il est d'un art plus sévère de ne pas demander à une donnée dramatique ce qu'elle ne fournit point d'elle-même et sans qu'on la sollicite un peu. Je ne parle pas ici du mélange de la comédie et du drame et des critiques dont ce système a été l'objet : j'en parlerai plus loin, pour exposer le système et répondre aux critiques. Pour le moment, il s'agit uniquement de la façon dont M. Sardou a parfois conduit ses drames. Or la logique impérieuse des événements est la qualité première des œuvres que nous ont laissées les maîtres, et je défie les héros de Molière, le Tartufe et le Misanthrope, par exemple, d'agir autrement qu'ils n'agissent ; tandis que parfois, dans les comédies de M. Sardou, on voit que telle scène capitale pourrait être le point de départ d'une action assez différente. Les personnages de son théâtre sont constants ; mais, si les héros de Molière sont des hommes dirigés par la nature même, ceux de M. Sardou sont quelquefois des hommes dirigés surtout par la main de l'auteur, et certaines de ses pièces pourraient être facilement dénouées d'une tout autre façon. Je dis tout autre, mais j'ajoute bien vite : moins vigoureuse et moins frappante.

Prenons *Nos Bons Villageois*, et supposons que le fils de Morisson, surpris, la nuit, dans l'appar-

tement du baron, déclare par un heureux mélange
de mensonge et de vérité qu'il aime Geneviève,
la jeune sœur de la baronne, ce qui est vrai ; qu'il
a reçu d'elle la clef du parc, ce qui est encore vrai ;
que, dans son amour, il n'a pas su résister à la folle
tentation de la voir et de lui parler en secret, pensant qu'elle n'était pas allée au bal des maraîchers,
ce qui n'est plus vrai, mais ce qui pourrait fort
bien l'être ; et cette déclaration tout à fait naturelle fait prendre au drame une route nouvelle, ou
plutôt, et je m'empresse de le dire, car c'est la con-
tre-partie de ma critique, elle le dénoue du coup,
et ce serait dommage ; car nous y perdrions,
outre la conversation ravissante de Geneviève
et du baron, qui est un des plus jolis dénouements qu'on puisse imaginer, trois ou quatre
scènes d'une réelle puissan·· : celle où le jeune
homme par une inspiration héroïque, qui est
aussi un coup de théâtre éclatant, paraît sur
la scène, les bijoux de la baronne à la main,
et supplie le baron d'épargner en lui un fils de famille égaré jusqu'au vol ; celle où Henri (c'est le
nom du jeune homme), resté seul avec le baron,

met à s'accuser plus de présence d'esprit que n'en mettrait un criminel à se défendre ; celle où M. Morisson souffre le plus horrible des supplices à soutenir de son témoignage, devant le commissaire, le noble et pieux mensonge de son fils, mais se raidit contre sa fierté pour ne pas livrer à la colère du baron, et, par conséquent, à une mort certaine, ce malheureux enfant ; celle enfin où le baron lui-même, frappé de la violence avec laquelle Henri se charge publiquement, et de certaines contradictions entre le langage du père et celui du fils, est saisi par un épouvantable soupçon et s'écrie : « Monsieur Grandménil, veuillez éloigner tout le monde, j'ai besoin de tout mon sang-froid. » — Je pourrais appeler d'autres pièces à l'appui de ma pensée, et montrer que, si M. Sardou fait parfois la violence la plus habile à cette logique impérieuse tant admirée chez Molière, ce n'est nullement par timidité, mais par audace et pour satisfaire la vigueur de son tempérament dramatique.

Ainsi donc, il est vrai de dire que M. Sardou marche et parle dans ses pièces avec la sûreté d'un homme du monde dans un salon ; mais il faut ajouter qu'avec toute son adresse, il est pourtant de ces violents qui entraînent et subjuguent. Il aime à faire courir un vague frisson d'inquiétude dans ce parterre qu'il amuse et qu'il gouverne à son gré. Il prend plaisir à le piquer, à l'irriter, à le blesser parfois, presque toujours sûr de le charmer et de tourner les révoltes en applaudissements. C'est une volupté ! Mais nul autre ne se risquerait impunément dans les périls où le précipite une sorte de furie toute française, et d'où le tire aussitôt un art que rien ne saurait déconcerter. A ceux qui lui conseilleraient la prudence, il répondrait volontiers comme ce Figaro qu'il n'a pas craint de mettre sur la scène après Beaumarchais : « Courage de brebis ! Quand la situation s'embrouille et se complique ; au moment le plus intéressant ! mais le ciel s'en mêle ; c'est délicieux !... Vive la folie et ses grelots[1] ! »

Oui, la folie, mais entendons-nous : Figaro ne

1. *Les Premières Armes de Figaro*, jouées au Théâtre-Déjazet en 1859.

perd jamais la tête, tout en ayant l'air de la perdre, pour la faire perdre aux autres.

Épris de la lutte pour le souverain plaisir de vaincre, M. Sardou ne ressemble-t-il pas à ces tribuns qui jouent avec la foule et la maîtrisent? On dirait qu'elle va se soulever contre son dieu, mais d'un mot le dieu la prosterne et les acclamations s'élèvent du sein de cette multitude domptée. M. Sardou a, si l'on me passe l'expression, le sentiment profond des masses. Il l'avait d'instinct; avec le temps, l'instinct s'est développé jusqu'à un point voisin du génie.

Qu'on me permette de citer quelques exemples. Il y a dans ce vaste répertoire une œuvre étrange, riche à l'excès. C'est *Maison neuve*. Mais cette comédie, ce drame, pour mieux dire, est de ceux où la puissance et l'audace de l'auteur s'attestent de la façon la plus saisissante. Je n'en aime pas beaucoup la partie tout à fait mélodramatique : la vue prolongée d'un cadavre sur la scène me cause une impression pénible; il me déplaît qu'on ébranle si fortement mes nerfs; mais, avant d'arriver à cette débauche de réalisme, où la brutalité de la situation nous prend à la gorge et nous secoue sans pitié, il se rencontre, dans *Maison neuve*, des scènes très hardies et très heureusement traitées. C'est, durant ce bal magnifique qui va s'éteindre tout à l'heure au bruit de la ruine, la scène où Claire, lasse des fêtes continuelles où elle cherche en vain le bonheur, et secrètement émue par je ne sais quel vague désir de joies inconnues, se laisse aller au compromis de conscience le plus délicieusement perfide, et ferme les yeux, pour écouter, à la faveur de ce demi-sommeil et comme dans un rêve, les déclarations brûlantes de M. de Marsille. Certes, la pente est facile; Claire est sur le bord de l'abîme; un instant de vertige et c'en est fait de son honneur. Avec quel art infini M. Sardou anime et prolonge notre anxiété, en prolongeant le plaisir déjà coupable où se plaît son héroïne ! Avec quelle délicatesse il marque les nuances imperceptibles de cette volupté raffinée, bien féminine ! Avec quel élan naturel, au moment où M. de Marsille gâte ce rêve exquis par une proposition trop franche, il réveille Claire, la redresse et la sauve ! « Je dormais, s'écrie-t-elle, mais, à présent, c'est une femme bien éveillée qui vous parle et qui vous dit : Restons-en là de cet enfantillage ! » (Acte III, scène VIII.)

Je ne saurais mieux rendre l'impression de cette habileté dans l'audace, qu'en la comparant au plaisir dont vous pénètre une longue mélodie, lentement déroulée jusqu'au moment où elle éclate en notes sonores et puissantes. Autre, tout autre, mais aussi remarquable au même point de vue, est la scène XII du IIIe acte. La ruine retentit en coups de marteau sur les murs, éteint les lustres de la fête et fait le vide dans les salons, il n'y a qu'un instant encore éblouissants de fleurs, de lumières et de danses ; Claire, épouvantée, apprend coup sur coup la fuite du caissier et la trahison de son mari ; pour humiliation suprême, la main qui la blesse au cœur est celle d'un domestique ; afin d'avoir le droit de chasser ces laquais, elle détache bracelets et boucles d'oreilles, les leur jette à la face ; mais soudain elle est frappée dans sa fureur par cette ironie cynique de sa femme de chambre : « Çà ! madame sait bien que c'est faux! » Voilà, certes, de la hardiesse. Mais comme tout est amené, préparé! comme l'auteur dispose insensiblement le public à l'entendre jusqu'au bout!

Cette audace, qui me semble, avec la fécondité et la dextérité, le trait saillant de ce talent multiple, ne se marque pas seulement, comme je l'ai fait voir jusqu'ici, dans le développement de l'action et dans les scènes où cette action se condense. Elle se marque aussi et plus profondément dans la conception théâtrale à laquelle M. Sardou est toujours resté fidèle, quand il a voulu peindre la société contemporaine. Système dramatique tant blâmé, et si injustement à mon sens, qu'il est bon, je crois, de l'étudier de près et de mettre ensuite les œuvres en regard de l'idéal qui a présidé à leur composition.

Quel est cet idéal? L'opposition systématique de la comédie et de la tragédie. Autrement dit, pour M. Sardou, le drame bourgeois, c'est la vie humaine dans sa complexité, tour à tour et parfois en même temps risible et triste, transportée sur la scène et représentée par des personnages ordinaires, qui sont nos contemporains, et non par des héros ou par des rois. Ainsi deux traits caractérisent ce drame : l'un, qui est d'une vérité plus particulière, la peinture de ce que l'auteur dramatique observe au temps et dans le pays où il vit; l'autre, qui est d'une vérité éternelle, puisque les deux faces des choses humaines sont perpétuellement opposées, le côté comique et le côté tragique. Le drame de M. Sardou, c'est le drame romantique retourné, ou, si l'on préfère un image plus séduisante, transposé du ton héroïque au ton plus humble de la vie commune.

Il semble bien que le théâtre étant la représentation de la vie, nulle objection ne devrait s'élever contre cette façon d'entendre l'art dramatique. En effet, la comédie pure est une pure fantaisie : elle

est un jeu de l'imagination, que le public admet
par une sorte de traité secret avec l'auteur, comme
il admet l'opéra-comique, la féerie, et ce merveilleux spectacle, qui est bien le triomphe de l'invraisemblable, l'opéra. — Partant, elle est une convention, et je n'en médis point; mais enfin, le public ne peut-il pas exiger du théâtre une image
plus fidèle de la vie ondoyante et multiple ! Regar-
dez le monde : y voyez-vous des comédies où ne
coure jamais un nuage tragique et comme un vent
de tempête ? Le rire et les larmes ne sont-ils pas,
dans leur perpétuelle rencontre et dans leur mélange incessant, comme le rythme secret des choses humaines ? — Que la raison, dépouillant telle
série d'événements des contrastes qui en sont
l'inévitable accompagnement, conçoive un monde
uniforme et monotone, où le côté plaisant de la vie
apparaisse seul, où le rire plus ou moins sonore
soit la note unique du sentiment et de la pensée !
Libre à elle ; elle abstrait ! Mais le produit
de ce beau travail, ce chef-d'œuvre d'une logique étroite, est précisément l'antithèse de la
vie, qui est mouvement, contraste, harmonie

selon certains penseurs ; et j'accepte volontiers la
définition, puisqu'elle suppose la variété des moyens
dans l'unité de l'effet. Or il en est précisément
d'un drame comme d'un orchestre : les instruments
les plus différents doivent y concourir, sous une
habile direction, à nous laisser une impression dominante. Mais, encore un coup, cette impression
générale est précisément le résultat, la somme,
pour mieux dire, des notes les plus diverses.
Ainsi fait la nature, qui, une dans son plan,
varie dans l'exécution et dans le détail, mélange
tous les tons, emploie toutes les formes, et,
comme l'a dit Théophile Gautier, « pose perpétuellement en face l'un de l'autre la terre et le ciel,
la nuit et le jour, la joie et la douleur, la vie et la
mort, éléments impérissables et toujours diverse-
ment combinés du grand drame humain ».

Cette manière de comprendre l'art dramatique
n'est pas du goût de tout le monde. Il y a des en-
têtés qui, aujourd'hui même, ne veulent pas entendre parler de cette comédie mixte ou, pour mieux
dire, de ce drame bourgeois, et qui soutiennent
de très bonne foi que c'est là un je ne sais quoi

d'équivoque, contraire aux lois supérieures de l'art. « La nature, disent-ils, est complexe, tout s'y mêle et s'y confond ; mais, pour se jouer ainsi en d'infinies complications, elle a le temps et l'espace. Au théâtre, l'écrivain ne dispose que de deux heures, mettons de trois, pour nous amuser ou pour nous émouvoir. Ne faut-il pas qu'il concentre toute notre attention sur un seul côté des choses humaines, s'il veut s'emparer de notre âme entière et la mener à son gré ? Une distraction, et le charme est rompu ! Vous voulez que je pleure, je me sens ému, je vais vous appartenir tout entier, et voilà que vous prenez soin vous-même de me dérober à cette émotion naissante en me faisant rire ! C'est aller droit contre vos intentions. Ne me laissez pas le temps de respirer, si votre objet est de me remuer jusqu'aux entrailles ; et, si vous tenez à m'amuser, gardez-vous de traverser le plaisir aimable qui s'éveille en moi par d'inopportunes et violentes secousses. »

Ainsi, je crois, pensent beaucoup de gens, ceux qui n'aiment point à passer trop brusquement d'une sensation à une autre, et dont la paresse s'accommode moins encore d'éprouver deux sentiments contraires à la fois. La France est peut-être le pays du monde où ces esprits indolents sont les plus nombreux, et l'on trouverait aisément l'explication de cette disposition singulière dans la discipline classique qui, durant deux siècles, a gouverné les intelligences.

L'art classique a pour inspiration secrète le génie de l'abstraction, le démon de la symétrie. Séparer ce qui dans la nature est inséparable, telle fut l'œuvre constante de l'esprit classique. Cet esprit n'en a pas moins, je le sais, donné des œuvres immortelles ; mais il faut ajouter que les vrais créateurs, Corneille et Molière, sans pouvoir s'affranchir tout à fait des théories à la mode, s'en sont bien souvent écartés. Peu importe ; les classiques de nos jours, comme ceux de 1830, invoquent les maîtres, sans exactement savoir s'ils ont le droit de les invoquer.

Ils se trompent sur l'art ; ils comprennent mal ce qu'on appelle l'unité d'impression et se font de l'ordre une idée fausse. Il y a unité et unité, comme il y a, selon Sganarelle, fagot et fagot. Un sou est une unité, mais j'y préfère un franc. Il peut sembler que je plaisante, mais allez jusqu'au bout de votre raisonnement, messieurs les partisans du genre classique et du genre comique, vous qui voulez les séparer à jamais au nom de je ne sais quel ordre esthétique, et dites-moi si la véritable conclusion de votre doctrine n'est pas la glorification de la pauvreté littéraire ! Car enfin plus on extrait, plus on amincit, plus on approche de cette unité qui est votre idéal. La vue du domaine immense où s'étend le débat arrête mon élan, et je le regrette. J'aurais plaisir à suivre dans les régions les plus diverses l'effet de cette religion étroite, fondée sur le culte de la simplicité mal entendue. Partout où les sectaires de cet ordre étrange ont fait la loi, s'est installée une police ombrageuse qui a sans pitié mutilé ou banni, détachant l'homme de la nature, et dans l'homme même élaguant tout ce qui tient du rêve et de la vision, tout ce qui est lyrique et mystérieux, tout ce qui trahit, par la violence et par le désordre de l'expression, les angoisses d'une âme qui ne se possède plus. Voilà ce qu'il me plairait de montrer, sans parler des ravages exercés dans la langue et dans le vocabulaire par cette manie de la clarté. Mais il convient de me borner à la question présente et de m'occuper uniquement de la comédie mixte. S'il est vrai qu'au théâtre l'art suprême est de mettre en lumière un seul côté de la vérité, remarquez d'abord que, du même coup, vous condamnez tous les théâtres étrangers, et je crois qu'il est prudent d'y réfléchir. Shakspeare et Calderon, à ne citer que ces deux héros de la scène moderne, sont de taille à nous résister. Pour les traiter de barbares et de saltimbanques, sans paraître trop ridicules, il nous faudrait pour le moins l'esprit de Voltaire; et, si l'on pardonne à ce démon fait homme son manque de respect envers le génie, c'est qu'après tout il était de son temps, et qu'au xviiie siècle on comprenait moins de choses qu'aujourd'hui. La Bible, Homère et le Dante effrayaient le goût timide des novateurs les plus hardis en politique et en philosophie. On excellait à décomposer les idées; mais l'histoire et la critique telles que nous les comprenons maintenant; ce don merveilleux de se détacher de soi pour entrer dans l'âme des peuples les plus éloignés par la distance des temps ou par celle des lieux ; cette universelle sympathie, qui est la marque souveraine de notre siècle, manquait, je ne dis pas absolument, — il ne faut jamais trop généraliser, — mais enfin manquait au XVIIIe siècle. Aujourd'hui, le prendre de haut avec Calderon et Shakspeare serait la marque infaillible d'un bien petit esprit ; et les adversaires de ce drame moderne, romantique ou bourgeois, dans lequel se heurtent sans cesse les scènes tragiques et les scènes bouffonnes, feront bien de songer à quelle imprudence les entraîne leur superstition. — L'art a pour temple l'univers. Et, comme, de tous les arts, l'art dramatique est celui qui dispose des instruments les plus nombreux, nous prenant à la fois par les oreilles et par les yeux, c'est lui qui doit nous offrir de la vie la peinture la plus réelle. Il y a d'admirables tragédies et des comédies charmantes selon la formule classique ; mais, si la note comique se mêle à la solennité des situations dans plusieurs tragédies de Corneille, la note tragique se fait entendre dans les plus fortes comédies de Molière. Le *Tartufe* est-il une comédie ? est-il un drame ? Répondez, vous qui savez si bien distinguer entre les genres. Lorsque ce gros homme, luisant de santé, pose ses pattes velues sur la robe d'Elmire, tandis qu'Orgon écoute sous la table les déclarations de cet amour si brutalement mystique, sommes-nous en pleine comédie ? L'étonnement, la tristesse, la fureur de ce mari, qu'on ne voit pas, qui ne parle pas, mais qui souffre, tous ces sentiments, je vous prie, sont-ils donc si plaisants ? Et dans le ridicule inévitable d'une pareille posture n'entre-t-il pas quelque chose de profondément douloureux ? Sans doute on rit à la fin, quand Orgon sort de sa cachette, mais c'est d'un rire amer ; et l'on ne rit plus du tout, l'instant d'après, lorsque le fourbe, laissant tomber son masque, répond à Orgon qui veut le chasser de la maison (acte IV) :

C'est à vous d'en sortir, vous qui parlez en maître.

Que les ennemis du drame bourgeois relisent ce quatrième acte ; qu'ils revoient, dans *le Misanthrope*, les scènes où Célimène et Alceste se trouvent seule à seul ; qu'ils se rappellent la dernière entrevue de la coquette et de son noble amant, et songent à cet admirable hémistiche : « Allez, je vous refuse, » qui contient à la fois le salut d'un honnête homme et le châtiment d'une malhonnête femme ; enfin, qu'ils considèrent Molière tout entier avec son *Don Juan*, son *Georges Dandin* et son *Arnolphe*, et qu'ils osent encore, au nom de la tradition, combattre un système que le maître des maîtres suivit presque constamment. De nos jours, M. Sardou est certainement, de nos auteurs dramatiques, celui qui, sur ce point, s'est le plus fidèlement inspiré de cet incomparable génie. Très éloigné, parfois, je le veux bien, de puiser si haut ses inspirations, il est ici au cœur même de la tradition, et, certes, il a bien fait de ne pas céder à ceux qui, ne jurant que par elle, ont le tort grave de ne pas toujours la bien connaître.

Assurément, il y a chez M. Émile Augier des pièces tour à tour bouffonnes et tragiques, et l'on doit, à ce point de vue, signaler particulièrement *le Mariage d'Olympe*. *Le Mariage d'Olympe*, qui a si fort scandalisé à son apparition, et qui est une des œuvres les plus hardies de son auteur,

pousse à la fois jusqu'à l'extrême limite du drame
et jusqu'à l'extrême limite de la comédie. Le
coup de pistolet qui termine la pièce est un dénouement d'une rare énergie; mais ce qui, pour
moi, passe le reste en audace, c'est l'orgie de burlesque à laquelle l'écrivain s'est courageusement
livré dans les dernières scènes du second acte.
Olympe, dont les adroits mensonges et les séductions ont égaré la raison d'un gentilhomme jusqu'à lui inspirer la fatale idée d'un mariage;
Olympe, qui, par surprise, s'est introduite dans la
famille de son mari, étouffe vite dans ce château
héréditaire, où l'on respire un air pur; son ambition satisfaite la défend mal contre l'ennui; la courtisane déguisée a, comme le dit **M. Augier**, la nostalgie de la boue; l'arrivée imprévue de sa mère,
lui apportant comme une émanation de sa vie
passée, la met en belle humeur de libertinage, et,
durant l'absence du marquis, de la marquise et du
gentilhomme qui l'a épousée, elle prépare un petit souper semblable à ceux d'autrefois; un viveur,
qui en veut à la dot de la petite-fille du marquis,
arrive; elle l'invite; les voilà trois : on boit du

champagne, on cause adultère et séparation de
corps ; on cite le Code, que la mère et la fille « connaissent comme des voleurs » ; mais ce n'est là
que le prélude ; on est cynique, mais on est calme ;
tout à l'heure on ne le sera plus ; un acteur du
troisième ordre, un comique, dont le talent principal est d'imiter ses confrères de Paris, et qui
est bien, avec ses attendrissements d'ivrogne, le
plus amusant des grotesques, entre, est invité, et
soudain chansons gaillardes, interpellations indé-
centes, propos honteux volent et se croisent, bon-
dissent et rebondissent avec la rapidité de l'éclair.
Couteaux et verres accompagnent de leur musique
grêle ces éclats de mauvais lieu dans cette noble
salle où la flamme des torchères illumine le portrait de la marquise. « A la bonne heure ! s'écrie
Olympe, mettons les coudes sur la table, et disons
des bêtises ! On va se croire aux Provençaux... Je
me sens renaître. » Ces fiertés de touche ont épouvanté bien des gens, et je crois qu'elles épouvan-
teraient encore aujourd'hui. A mon sens, il faut
avoir le courage de les admirer, car elles éclairent
la valeur morale de l'œuvre. Le quatrième acte de

la Contagion, qui se passe dans le salon d'une actrice à la mode, renferme aussi des situations assez vives de ton. Mais ce mélange du comique et du tragique n'est pas, si je puis ainsi dire, le tempérament ordinaire des pièces de M. Augier. Une bonhomie qui s'élève en certains endroits jusqu'à la plus mâle éloquence, y anime en général le langage des acteurs, et, de plus, il convient de remarquer que *la Contagion* et *le Mariage d'Olympe* n'ont pas été donnés à la Comédie-Française, mais à l'Odéon et au Vaudeville.

M. Sardou qui, avant *Daniel Rochat*, n'avait abordé le théâtre de la rue Richelieu qu'une fois, et par accident, malgré lui presque, avec *la Papillonne*, a pu, sur d'autres scènes, s'abandonner sans crainte à son penchant pour le drame bourgeois. Je ne suis pas de ceux qui attaquent cette auguste maison de Molière, où l'on n'est pas si timide que le prétendent certaines gens, et je suis d'avis qu'il faut à côté du Vaudeville et du Gymnase une scène plus austère, un théâtre qui ait quelque chose d'un salon littéraire. On y joue la farce, mais il faut qu'elle soit de Molière, dont on y applaudit la verve sans peur, comme on écoute avec plaisir, dans la meilleure compagnie, les libres et francs propos d'un vieillard illustre, à qui son grand nom permet toutes les audaces. Mais ce qu'autorise et relève dans sa parole le respect dont il est entouré, choquerait dans la bouche d'un jeune homme ou d'un homme trop jeune encore. En d'autres termes et pour laisser là toute métaphore, la Comédie-Française ouvre sa porte aux œuvres les plus follement comiques lorsque le temps a pris soin d'en adoucir en quelque sorte et d'en faire aimer de tous les couleurs un peu crues. Quant aux écrivains d'aujourd'hui, s'ils veulent entrer dans ce sanctuaire, qu'ils oublient certaines libertés de langage et d'allure, qu'ils y gardent un ton plus sobre et des façons plus choisies. C'est pourquoi nous sommes heureux que M. Sardou n'y ait pas fait son entrée plus tôt, puisqu'il est convenu que *la Papillonne* s'est trompée de chemin. Plus ambitieux, M. Sardou, à l'âge où peut-être il n'avait pas assez d'empire sur lui-même pour contenir la fougue de sa nature, aurait sacrifié la franchise de son talent en pure perte. Son œuvre le justifie d'avoir si longtemps défrayé le Gymnase et le Vaudeville. Plus libre, il a pu se montrer tel qu'il est, et, grâce à cette liberté, nous possédons un théâtre unique en son genre, par l'union systématique de la tragédie et de la comédie dans un grand nombre de pièces.

Je sais bien (et je crois l'avoir marqué assez nettement) qu'il y a autre chose dans l'œuvre de M. Sardou, et, si l'on distingue ses différentes manières, on en trouve au moins quatre : la comédie légère, la fantaisie, pour mieux dire, le drame héroïque, la comédie de mœurs, enfin la comédie politique et sociale. Mais, jusqu'ici, c'est la comédie de mœurs qui occupe la place la plus importante, et c'est d'elle que je parle en ce moment. *Nos Intimes, les Ganaches, les Vieux Garçons, Maison neuve*, la *Famille Benoîton, Séraphine* et *Dora*, voilà les œuvres les plus saillantes de cette collection justement célèbre. Or toutes ces comédies, sans parler des *Diables noirs*, d'*Andréa*, d'autres encore, sont des drames bourgeois. Mais, si la comédie circule le plus souvent jusqu'à la fin de ces pièces, il faut remarquer d'abord qu'elle s'y épanche à la façon d'un fleuve qui, sortant d'un lac, irait sans cesse, à mesure qu'il avance, d'un cours de moins en moins large, jusqu'à n'être plus qu'un mince filet d'eau à l'endroit où il se jette dans les flots tumultueux de l'Océan. L'Océan, ici, c'est le drame où vient s'abîmer la comédie. La comédie remplit ordinairement le premier et le second acte de son mouvement capricieux et de son remue-ménage étourdissant; puis on approche du drame, qui se déroule de plus en plus pressant et qui finit, au quatrième acte, par occuper à peu près seul l'attention du spectateur. Mais, ici, ma comparaison de tout à l'heure cesse d'être juste; car, après le drame, la comédie reparaît presque toujours, pour calmer l'émotion du public et ne pas le laisser partir sur une impression douloureuse. Voilà (je crois bien ne pas me tromper en étendant à tous les drames bourgeois de M. Sardou cette observation indispensable) la façon dont il entend la conduite et le développement des pièces de ce genre.

C'est là-dessus justement qu'on l'a si vivement attaqué. On lui a moins reproché de mêler le

drame et la comédie que de nous présenter
d'abord deux actes de comédie pure, pour s'engager ensuite dans une action violente, qui, le
plus souvent, dit-on, ne sort pas logiquement de
la comédie. Je suis ici au cœur de mon sujet, et
c'est pourquoi (je puis bien le dire en passant)
je m'étonne que, dans les études d'ensemble pu-
bliées sur le théâtre de notre auteur, personne
jusqu'ici ne se soit avisé de s'arrêter sur ce
point et de s'y étendre comme il convient. Il
importe, en effet; car, si la critique de certains
chroniqueurs hebdomadaires frappe juste, s'il est
vrai qu'à de très rares exceptions près (et l'on fait
souvent cette réserve par politesse ou par prudence), les pièces de M. Sardou forment deux pièces distinctes, juxtaposées par l'artifice de l'auteur,
et non pas solidement attachées l'une à l'autre par
les liens secrets de la logique, ce théâtre, malgré
tout le talent de l'écrivain, est destiné à disparaître assez vite. La partie comique aura beau être
excellente et la partie tragique des plus intéres-
santes, le caractère purement extérieur du fil qui
les relie sera comme le dissolvant plus ou moins

rapide de cette habile union. Chaque pièce tombera en deux morceaux : nulle d'entre elles ne durera.

La question est donc une question de vie ou de mort. Il s'agit de savoir si, de cette œuvre immense, dont je faisais ressortir au début l'étonnante variété, il ne restera plus tard qu'un souvenir pour la plus grande partie du public. Sans doute, de braves gens croient consoler l'auteur en ajoutant que les curieux, les historiens même consulteront son théâtre pour connaître à fond notre siècle, comme on consulte aujourd'hui les œuvres de Collé et de Crébillon fils afin de pénétrer dans l'intimité du siècle dernier. Mais c'est là, ce me semble, pour un artiste, une assez médiocre consolation.

Au premier rang des critiques qui font à M. Sardou le reproche que je me propose maintenant d'examiner, figure M. Francisque Sarcey. M. Sarcey est une autorité, une puissance. Ses avis sont de ceux qu'on écoute, et, puisqu'on est fier de ses éloges, il est juste qu'on pèse sérieusement son blâme. On a plaisir enfin à le combattre. Or, dans un feuilleton publié à la date du 1er mars 1878, M. Sarcey écrivait, à propos de *Nos Bons Vil-*

lageois : « Le défaut caractéristique de cette pièce... est celui de la plupart des pièces de Sardou. C'est que le drame qu'il imagine ne fait pas corps avec l'idée première de la comédie, c'est qu'il n'en est pas la conséquence forcée, et, si j'ose m'exprimer ainsi, l'illustration nécessaire. » Et plus loin: « La critique que l'on peut presque toujours adresser à M. Sardou quand il compose une comédie de caractère, c'est qu'entre la donnée primordiale et l'action qu'il imagine, il n'y a nulle relation nécessaire. »

Assurément, cette critique a du vrai ; elle s'applique à certaines pièces de M. Sardou, et, en particulier, je le reconnais, à *Nos Bons Villageois*. L'auteur, ce me semble, en conviendrait lui-même. Le drame, ici, n'est pas le développement et la conclusion inévitables de la comédie, et M. Sardou aurait pu imaginer une action différente. Cependant, il ne faut pas, ici même, aller trop loin, et prétendre que le lien qui rattache les deux premiers actes aux trois derniers est tout artificiel. Car enfin, se proposant de montrer à quel excès d'infamie et de lâcheté peut se porter l'ambition d'un

Floupin aidée de la méchanceté d'un Tétillard et d'un Grinchu, l'écrivain était assez naturellement amené à considérer la trahison d'un adultère comme une des suites les plus atroces de cette ambition et de cette stupidité. Mais faisons la partie belle à M. Sarcey, et, pour lui plaire, avouons sans difficulté que, dans *Nos Bons Villageois*, M. Sardou n'a pas dû se soucier beaucoup de réaliser l'idéal du drame bourgeois, qui est d'unir étroitement la partie tragique à la partie comique. Nous avons ici une action à la faveur de laquelle l'auteur a peint les paysans des environs de Paris : voilà, certes, une définition conciliante. Peut-être aussi une formule analogue s'appliquerait-elle assez bien à la composition des *Ganaches* : l'amour de Marguerite pour Marcel Cavalier ne tient à la comédie que par une série de combinaisons en quelque sorte extérieures. Les deux parties sont ingénieusement soudées l'une à l'autre; la seconde forme un prolongement curieux de la première, puisque l'entêtement nobiliaire y lutte, dans l'âme du marquis, contre les conseils d'une affection vraiment paternelle, et qu'à la fin un simple ingénieur épouse la nièce d'un la Rochepéans; mais on ne voit pas dans cette action la suite inévitable et l'illustration nécessaire de la donnée comique. Ainsi donc, mettons à part *Nos Bons Villageois* et *les Ganaches*, qui, malgré le talent de l'auteur, ne sauraient entrer en comparaison avec les cinq ou six drames bourgeois auxquels la critique doit s'attacher de préférence, et c'est justement à ces pièces capitales que je défie M. Sarcey d'étendre le reproche exprimé plus haut. *Maison neuve, la Famille Benoîton, Séraphine, Dora,* et pour remonter à une comédie plus ancienne, *Nos Intimes* y échappent absolument. Le blâme du chroniqueur, loin d'atteindre l'ensemble de l'œuvre, ne frappe, en réalité, que des exceptions; et, selon moi, M. Sarcey triomphe comme un général qui, dispersant une avant-garde, la prend joyeusement pour l'armée qui la suit.

Dans *Maison neuve,* comédie pour laquelle j'avoue mon faible et dont j'aime à parler, quelle est l'intention de l'écrivain? Il a voulu nous peindre le trouble profond porté dans les mœurs d'une certaine bourgeoisie par l'impulsion prodigieuse donnée aux affaires sous le second Empire. Ce temps n'est pas assez loin de nous pour que nous ayons oublié la fièvre de luxe, la soif de jouissances, provoquée par les grandes entreprises de M. Haussmann. Paris bouleversé, des quartiers abattus, une ville nouvelle, large, magnifique, s'ouvrant de toutes parts à la curieuse admiration de l'étranger; une sorte de capitale européenne inprovisée par un coup de baguette, ainsi que les palais fantastiques des *Mille et une Nuits*, mais dangereuse autant que splendide, avec son monde étrange, accouru de tous les points du globe, avec ses théâtres, son Bois, ses courses, ses revues militaires, ses opérettes et ses féeries, ses bals plus que royaux, et ses fortunes merveilleusement scandaleuses; avec ses grands procès aussi et ses ruines soudaines; en un mot, un édifice immense et fragile, où, dans le ruissellement des lustres, se dresse pour tous les appétits, pour toutes les débauches, un banquet gigantesque; voilà ce que M. Sardou a vu et ce qui lui a suggéré l'idée de *Maison neuve*. Comment s'y est-il pris pour rester fidèle à sa conception dramatique? La chose est bien simple. Il a d'abord montré l'extérieur modeste, honnête et tranquille de la maison de commerce où jusqu'à présent Claire et René ont goûté les fruits un peu fades, j'en conviens, mais doux et purs d'une vie simple, au foyer du vieux Genevoix. Voilà le premier acte; la comédie y est à l'aise, car les types du vieux caissier intègre, du vieil ami d'autrefois, qui ne vient jamais se mêler aux réjouissances de la famille sans apporter sa part, deux ou trois bouteilles de bon vin; la vieille servante économe et dévouée, et jusqu'au papa Genevoix, l'homme des trois journées de 1830, le fanatique de 89, le dévot de la vieille cocarde, tous ces braves gens, si vertueux, si bons, respirent je ne sais quel parfum de rose fanée, et la main de l'auteur comique trouve où se prendre dans leurs mille petits ridicules. Mais les deux jeunes gens, Claire et René, s'ennuient dans ces fauteuils à la Tronchin et bâillent discrètement aux tirades de leur vénérable ancêtre. Le Paris nouveau les a grisés; la rue Thévenot leur paraît bien sombre, bien triste; le boulevard Malesherbes est si beau! La *Vieille Cocarde* est une enseigne bien rococo. Que diriez-vous du *Bouton d'or?* Et l'un et l'autre se précipitent follement vers leur rêve. Le magasin sera merveilleux, Claire aura un boudoir, et l'on mènera grand train. Voyez-vous le drame naître et se former par avance dans cet égarement du jeune couple? Comme un incendie qui lentement couve, le drame jette déjà ses premières étincelles au premier acte, et le public devine aisément que, dans la suite, il assistera tour à tour aux fêtes de la *Maison neuve* et à sa ruine. Le vieux Genevoix le pressent et nous en avertit. « Tout s'enchaîne : on change de logis; ce n'est rien, on le croit! c'est le renouvellement de toute la vie!... Mobilier neuf, digne du logis, puis toilettes en harmonie avec les meubles, et enfin habitudes conformes aux toilettes! le tout débordant nos moyens. » (Acte Ier, scène XII.) — Et le pauvre homme ne dit pas tout! Mais la pensée du spectateur s'élance au delà de ces prévisions; elle attend, elle appelle en quelque sorte les infortunes et les hontes, conséquences naturelles de ce que l'auteur vient de lui montrer ou de lui faire entendre. Le drame entier se lève dans l'imagination de tous, avec son cortège inévitable de galanteries, de trahisons domestiques, d'échéances auxquelles il est impossible de satisfaire, de jeux de bourse malheureux, de ruine soudaine et d'adultère.

Dans *la Famille Benoîton*, comme dans *Maison neuve*, le drame est étroitement lié à la comédie ; il en sort frémissant et terrible. Il en est bien, pour rappeler le mot de M. Sarcey, l'illustration tragique. Comment voulez-vous que Didier, cet homme autrefois si charmant, si aimable, puisse garder l'amour et la confiance de sa femme ! Il n'a pas le temps de s'occuper d'elle ! il la croit heureuse, parce qu'il lui a donné, comme le dit Clotilde, « un ameublement coquet, un joli attelage, sa loge au théâtre préféré ». Mais cette jeune intelligence qu'il avait à former, cette âme qu'il devait pieusement diriger, qu'en a-t-il fait ? Son cœur est à la Bourse, il n'est pas au foyer. N'est-il pas naturel que, pour s'occuper et s'étourdir, sa femme, sans aller jusqu'aux jouissances qu'on n'avoue pas, pousse jusqu'à la pointe extrême des plaisirs qu'on n'avoue guère ? Et, lorsque Didier, virilement éclairé par les conseils d'une amie, veut tenir à Marthe un langage à la fois tendre et sage, peut-on s'étonner que Marthe ne le comprenne pas et s'ir-

rite ? Il lui parle affection, elle répond toilette ;
il lui parle économie, bonheur à deux, elle lui répond fêtes, bals, spectacles, obligation de briller
dans ce monde où elle a conquis une réputation
d'élégance. Il la supplie, elle s'emporte : « Parce
qu'il vous plaît de vous faire ermite, j'irais enfouir
mes vingt ans sous les cendres du foyer domestique? allons donc! c'est une plaisanterie, n'est-ce
pas ?... Je vous jure bien que jamais je ne consen-
tirai, libre à me faire esclave, jeune à me faire
vieille, et vivante à me faire morte !... » (Acte II,
scène XIII.) Voilà le drame engagé. — N'est-il pas,
si je puis ainsi parler, l'efflorescence de la comédie ?
Que Marthe achète les dentelles qui lui ont été re-
fusées par Didier ; que Didier, ne pouvant apprendre
de Marthe où elle a pris l'argent pour les payer,
et trompé, d'ailleurs, par une lettre anonyme, se
croie trahi, et, dans son délire, calomnie dans la
femme jusqu'à la mère de son enfant ; tout cela est
légitime, plus que légitime, profondément logique,
plus que logique, inévitable. Sans doute, le drame
pourrait s'arrêter plus tôt ; Clotilde ne pas brûler
les lettres de Champrosé, mais les lire, les remet-

tre à Didier et du coup anéantir ses soupçons. Mais il est fort différent de soutenir, comme je crois l'avoir démontré, que les drames de M. Sardou ont souvent une marche singulière, et donnent, entre ses mains, des situations inattendues, ou de prétendre qu'en général ils n'ont pas de relations nécessaires avec la comédie qui en est le point de départ. Il y a là deux choses distinctes, et peut-être jusqu'ici ne les a-t-on pas assez nettement distinguées. — L'analyse de *Nos Intimes* et des *Vieux Garçons* nous conduirait à des conclusions identiques. Que veut prouver M. Sardou dans *Nos Intimes?* Il se propose de démontrer à certaines gens, aux esprits trop confiants, trop ouverts, que nos intimes sont bien souvent nos vrais ennemis. Comment va-t-il procéder? Il fera défiler devant nous un certain nombre de ces faux amis, l'ami envieux, l'ami fâcheux et grognon, l'ami qu'on n'a jamais vu et qui vous arrive on ne sait d'où, enfin le plus dangereux de tous, l'intime heureux de votre hospitalité, aimable pour vous, mais plus encore pour votre femme, jeune, beau, distingué, plein d'esprit et de courage. Celui-là, craignez-le,

si votre femme a des langueurs et des impatiences
que rien n'explique ; craignez-le surtout, si d'aventure, et comme pour ajouter aux séductions de sa
personne, il garde encore d'une maladie je ne sais
quelle pâleur touchante, s'il peut dans une âme
naturellement tendre éveiller la pitié, et de la pitié faire naître insensiblement l'amour. Les autres
vous agaceront, vous irriteront, vous attireront
peut-être d'assez méchantes affaires ; mais ce jeune
homme vous trahira ; c'est l'adultère ou tout au
moins ses commencements qui entrent avec lui
sous votre toit. Tel est ce Maurice que le brave
Caussade aime comme un fils et qui travaille
pour récompense à lui ravir l'honneur et la joie
de sa vie. Marécat, Vigneux, Abdallah, voilà les
types dont les défauts et les ridicules vont donner
l'essor à la comédie. Maurice, voilà l'homme dont
les séductions amèneront le drame ! Et ce drame,
pour le mieux rattacher encore à la donnée première
de la pièce, M. Sardou a voulu que la cruauté bête
des autres intimes prît soin de le nouer. C'est
Marécat, c'est M. Vigneux et sa femme qui infor-
ment Caussade de ce qui se passe à son foyer, et

c'est ainsi que la tragédie bourgeoise, ici comme dans *Maison neuve* et dans *la Famille Benoîton*, jette ses racines jusqu'aux entrailles mêmes de la comédie.

La donnée des *Vieux Garçons* a certaines analogies avec celle de *Nos Intimes*. Car nous y voyons dans un monde plus relevé les dangers que font courir aux ménages les plus tranquilles l'introduction de ces viveurs sans scrupules dont Mortemer est la fleur la plus fine et comme le parfum le plus capiteux. « Le célibataire dans un ménage, c'est l'oïdium dans la vigne!... D'abord il est de tous les mariages, il était certainement du tien, dit Chavenay à Du Bourg... Dans ces premiers mois de ta félicité conjugale, il a disparu, patient de son heure!... Un soir!... soir néfaste... tu le vois apparaître de nouveau... Il a flairé ton jeune mariage mûr à point pour sa présence. Le voici, souriant dans sa cravate blanche, avec cet insolent aplomb qui semble dire : « Eh bien, cher monsieur, » à mon tour maintenant. Et merci de m'avoir mis » le couvert. » En effet, Mortemer a jeté son dévolu sur madame de Chavenay; Clavières sur madame

Du Bourg, et le drame se met en marche, étroitement lié, comme on le voit, à la donnée première.
Il faut ajoûter qu'ici encore, ainsi que dans *la Famille Benoiton*, il suit une marche inattendue. Jusqu'au milieu du second acte, on peut croire que
tout se passera entre Mortemer, de Chavenay et sa
femme, d'une part, et, de l'autre, entre Du Bourg,
sa femme et Clavières; on se trompe, car soudain
l'action se déplace et ne s'élève jusqu'aux situations vraiment tragiques qu'après l'entrevue si admirablement traitée d'Antoinette et de Mortemer;
dès lors l'intérêt se concentre tout entier entre
Mortemer et le fiancé d'Antoinette, M. de Nantya.
Mais, pour imprévu que soit le mouvement du
drame, le drame nouveau qui surgit au troisième
acte et refoule celui qu'on attendait est une démonstration plus saisissante encore et plus curieuse de la donnée première, puisque le bonheur
de deux jeunes âmes est un instant compromis et
que les plus tristes soupçons pèsent sur une des
plus parfaites images de l'innocence.

Il y a dans le théâtre de M. Sardou une œuvre si logique, qu'il est inutile, je pense, d'en

faire ressortir l'unité. C'est *Dora*, le plus sobre et le plus fort des drames bourgeois mis sur la scène par notre auteur. Mais il faut que je m'arrête un instant à *Séraphine*, parce qu'un des maîtres de la critique contemporaine, Théophile Gautier, a déclaré que « la nature de *Séraphine* sert à déterminer une action qui aurait pu avoir un autre point de départ : la coquetterie ou la jalousie maternelle ». Malgré le respect que tout critique littéraire doit à la mémoire de Théophile Gautier, je crois pouvoir dire que le caractère de *Séraphine*, non pas tel qu'il est décrit au premier acte, car on ne l'y voit que de profil, mais tel qu'il se découvre à nos regards dans une heure d'angoisse suprême au troisième acte, peut seul expliquer la fureur indomptable avec laquelle la mère d'Yvonne, troublée par les avertissements de la vieillesse, s'obstine à vouloir enfermer à jamais sa fille dans un couvent. « Vous me demandez, dit-elle à Chapelard, pourquoi je veux mettre Yvonne au couvent ?... Dix-huit ans que j'endure ce supplice atroce de voir dans cette enfant ma faute vivante, animée, marcher, grandir près de moi... J'ai prié, j'ai pleuré, et, quand je crois avoir trouvé l'oubli dans l'extase, le premier objet qui frappe ma vue, c'est ma fille priant à mes côtés, et une voix murmure à mon oreille : « Adultère!... » J'entasse les bonnes œuvres, j'édifie le monde entier, je prosterne mon front dans la poussière. Et, quand je savoure enfin cette joie de me dire : « Je suis une élue de Dieu!... » j'entends cette enfant répondre à mon mari : « Mon père!... » et la même voix me crier : « Adultère! » Je quitterai ce monde admirée, bénie, sanctifiée; je prendrai mon vol vers le ciel : j'y trouverai ma fille pour me barrer le passage, la même voix pour me crier encore : « Hors d'ici... l'adultère!... » et je serai damnée! »

Nulle coquetterie, nulle jalousie maternelle n'aurait cette violence de haine, et n'inspirerait à une femme l'épouvantable courage avec lequel Séraphine lutte tour à tour contre les prières d'Yvonne et contre l'implacable volonté de M. de Montignac. Il faut à un drame pareil de plus puissants ressorts, et ce n'est pas trop pour l'appuyer qu'un tel sentiment d'horreur pour une faute toujours présente et qu'une telle crainte de la justice divine.

Le seul reproche à faire à M. Sardou au sujet de ses drames bourgeois, c'est d'avoir parfois manqué de mesure, soit à l'approche du dénouement, soit au dénouement. Il pousse trop volontiers la crise, et quelquefois même ses conséquences dernières, à des effets violents où les nobles émotions de la raison et du cœur n'ont plus rien à voir. La composition du public auquel M. Sardou a parlé presque toujours explique, sans doute, et justifie certains coups de force; mais je crois que le tempérament dramatique de l'auteur n'y est pas étranger. Or il me semble que la maladie et le délire sont, à de rares exceptions près, des artifices qu'il vaut mieux laisser au mélodrame. L'âme est une source plus féconde en situations vigoureuses et neuves que les troubles de la machine humaine ou du cerveau. Je regrette que *les Diables noirs* se terminent par un incendie. Pour frapper Jeanne d'un coup mortel et la faire expirer à nos yeux, ne suffisait-il pas des infamies où Gaston avilit et meurtrit l'amour de cette noble femme? C'était le véritable dénouement. Les plus sobres sont les plus forts, et je préfère à tous les autres ceux où le mépris remplit le rôle de justicier. M. Augier tue Olympe; mais une fois n'est pas coutume, et la Séraphine des *Lionnes pauvres* n'est pas frappée, elle est chassée par son mari. Nul coup de poignard, nulle fiole de poison ne vaut cet irrévocable congé. C'est pourquoi *Dora* me plaît entre toutes les comédies de M. Sardou. Le châtiment de l'espionne y est tout moral; et certes il y a des humiliations plus douloureuses que la mort, le coupable fût-il le plus pervers des hommes ou la plus vile des femmes.

VI

Le drame héroïque n'est pas le drame bourgeois. Les dénouements les plus atroces y sont de mise. L'importance des événements, la grandeur des passions, l'énergie des caractères, tout nous dispose aux émotions tragiques, parce que tout en relève l'horreur et l'embellit. Le poète nous a portés dans une région supérieure, où nos amours, nos colères et nos vengeances se transfigurent au souffle de tout un peuple et revêtent une sorte de majesté sacrée. Les sublimes épouvantements d'un pareil drame ne déplaisent qu'aux timides. Aussi, l'on doit applaudir, je ne dis pas seulement au dé-

nouement de *Patrie*, mais encore et surtout au dénouement de *la Haine*, qui est admirable. S'il faut
en croire l'avant-propos de l'auteur, il y eut des
étonnements et des protestations. L'auteur a raison
de s'en étonner lui-même. Orso mourant avec
Cordelia dans cette église aux portes d'airain, c'est
l'Italie du xive siècle, l'Italie du Dante, qui
m'apparaît dans toute sa barbarie; et, de plus,
je comprends ou plutôt je sens, avant même d'y
réfléchir, que la mort seule peut rapprocher dans
une étreinte suprême ces deux amants qui, suivant les nobles paroles de Cordelia, n'ont plus
rien à faire en ce monde. Le ciel est désormais
leur unique patrie; et l'église, d'où leur âme va
monter jusqu'à Dieu, est comme le seuil du
royaume céleste où s'élancent déjà leur passion et
leur foi. « A présent, mort, quand tu voudras! »
s'écrie Orso, dont la voix ne peut être entendue
que de celui à qui rien n'échappe, et qui, les unis-
sant dans la mort, sous les voûtes sacrées de son
temple, les absout et leur pardonne. M. Sardou
l'a dit justement : cette fin n'est pas le châtiment,
elle est le salut. Ayez un instant l'âme chrétienne;

et, par delà ces murailles, la cité de Dieu vous apparaîtra rayonnante et douce. — Dans *Patrie*, Dolorès
meurt de la main même de Karloo; mais le bras
du meurtrier n'est pas le bras d'un homme, si je
puis ainsi parler, c'est le bras d'une nation entière;
c'est Karloo qui frappe, mais ce sont les Flandres
trahies qui se vengent.

Voilà bien le drame héroïque, le drame à la
Shakspeare, celui dont Hugo nous a donné tout
ensemble la théorie et de si beaux modèles.
Comme dans *Cromwell*, comme dans *Ruy Blas*,
comme dans *Lucrèce Borgia*, toute une époque
revit pour nous dans *la Haine* et dans *Patrie*.
Souhaitons, pour la gloire de notre théâtre, que
M. Sardou n'en reste pas à ces deux coups d'essai qui
sont deux coups de maître. L'échec de *la Haine* ne
doit pas le décourager. Le public rendra justice, un
jour ou l'autre, à cette œuvre qu'il n'a pas su comprendre et que la critique n'a pas eu l'heureuse
fortune d'admirer à temps. Certes, *Patrie* est un
grand et noble drame; mais, au point de vue de
l'action, *la Haine* n'y est pas inférieure. Il fallait
seulement, pour en saisir les rares beautés, se dé-

tacher un peu du temps où nous vivons, et je plains les bourgeois d'aujourd'hui que la souveraine puissance de l'Église catholique au XIV° siècle a secrètement révoltés. Voltaire s'emportait contre Joad, en qui sa rage antireligieuse croyait découvrir un lointain ancêtre de la théocratie pontificale. Le public de 1874, troublé par les questions contemporaines, et trop peu versé dans l'histoire, s'est naïvement récrié contre l'autorité de l'évêque Azzolino, imposant aux deux partis en armes la trêve de la Vierge, et leur faisant jurer sur l'Évangile d'oublier un jour au moins leurs querelles sanglantes pour s'unir dans la prière. — Un mérite que nul, dans cette pièce, n'a contesté, c'est la puissance et l'habileté avec lesquelles M. Sardou y fait marcher et parler la foule. Mais de cet éloge on n'a pas manqué de tirer un blâme. M. Sarcey a rappelé le récit du *Cid* pour le faire valoir aux dépens de la poétique shakspearienne suivie par M. Sardou. A coup sûr, les vers de Corneille sont admirables; mais M. Sarcey est-il sûr que, si Corneille vivait de nos jours, il n'eût pas remplacé le récit par l'action? Certes, le spectacle que M. Sarcey imagine et décrit, ces trente figurants qui se postent le long du fleuve, et, de temps à autre, échangent quelques mots à voix basse ; ces cris poussés de part et d'autre dans le silence de la nuit ne vaudraient pas le récit du *Cid*. Mais, j'en suis fâché pour le critique du *Temps*, Corneille aurait eu plus d'imagination que lui. Il aurait fait parler Rodrigue comme M. Sardou fait parler Orso, et nous frémirions à la voix de ce jeune homme, soulevant autour de lui l'héroïsme qu'il porte en lui. Dans le récit du *Cid*, le Cid seul nous apparaît ; dans le discours que lui eût prêté Corneille sur une scène plus libre, la foule et le Cid, l'Espagne entière et son héros, voilà ce qui se lèverait devant nous, et, sous l'obscure clarté qui tombe des étoiles, transporterait à la fois l'imagination et le cœur du public. Quant à la principale critique de M. Sarcey, consultez le feuilleton du 7 décembre 1874, et vous l'y trouverez, comme la précédente, avec tout son développement. En voici le résumé : « Je me suis franchement ennuyé. Il n'est pas un moment, dans cette pièce, où je me sois intéressé à quelqu'un ou à quelque chose. » Je cite textuellement. Orso n'est qu'un bandit; et, si notre critique l'osait, il dirait franchement à Cordelia ce qu'il exprime à l'aide de périphrases : « Vous êtes une impudique. » Ainsi parlait Scudéri à l'endroit de Chimène. M. Sarcey n'est pas Scudéri, et M. Sardou n'est pas Corneille; mais enfin Orso est une sorte de Cid populaire, un Cid guelfe; et même, si l'on veut bien considérer uniquement la valeur de son entreprise, je soutiens qu'il a sur le Cid espagnol un avantage : celui d'apaiser la guerre civile avant de vaincre l'étranger. Chasser l'empereur d'Allemagne est un bel exploit, mais il est plus difficile encore de réconcilier le peuple et l'aristocratie, les gibelins et les guelfes, les proscripteurs et les proscrits. Cordelia ne ressemble pas à Chimène, et pourtant il y a de singulières analogies dans le développement de leur amour. Chimène aimait Rodrigue avant qu'il eût tué don Gormas; avant de soigner Orso, de le sauver, de l'aimer, Cordelia le hait et le frappe d'un coup de poignard; voilà les différences; mais voici les rapprochements : Si l'une, en dépit d'elle-même, adore le meurtrier de son père et sent croître en son cœur cet amour fatal, c'est qu'une admiration croissante exalte cette passion maudite ; si l'autre pardonne le pire des outrages à un homme du peuple et finit par lui crier : « Je t'aime ! » cet amour a pour cause l'admiration, plus que l'admiration, l'enthousiasme. « Tu n'es qu'un bandit, sois un héros ! » dit Cordelia à ce Cid naissant, au moment où elle le hait encore autant qu'elle le plaint ; et, quand le héros a tenu les promesses du bandit, on comprend que, de son côté, l'amour tienne les promesses de la charité.

Les deux drames héroïques de M. Sardou forment la partie la plus haute et la plus séduisante de son œuvre. Il s'y révèle dans la plénitude de son talent. Et, si l'on n'égale pas Shakspeare pour avoir donné *la Haine* et *Patrie*, il n'y a rien d'étonnant, non plus, à ce que *Patrie* et *la Haine* nous fassent involontairement songer à ce grand nom. Le drame romantique demeure l'ambition secrète de notre auteur. Jeune, inconnu, c'est vers ce drame qu'il s'était d'abord tourné. M. Wolff[1] nous l'apprend. Après le succès de *la Famille Benoîton*, M. Sardou parlait un jour de son rêve caché, et le confident, qui était un journaliste, écrivait malicieusement : « J'annonce au public le Sardou de l'avenir. Il y a de beaux jours encore pour le drame français. » M. Aurélien Scholl ne croyait pas si bien dire. L'épreuve est faite maintenant ; mais, pour la renouveler, tout manque à la fois : le théâtre et les acteurs. La Porte-Saint-Martin n'est plus, hélas ! la noble arène des romantiques ; et Frédérick-Lemaître n'a transmis à personne son incomparable puissance. Qu'un Rossi se lève, et *la Haine* pourra trouver enfin les acclamations qui lui sont dues. Le rôle d'Orso écrase les plus vaillantes épaules. Il y faut une poitrine de génie. Lafontaine, en dépit de son intelligence, n'incarnait pas le personnage. Dumaine lui-même, que nous voyons encore si touchant et si fier dans son Rysoor, aurait peut-être plié sous le fardeau. Pour le porter sans fléchir, pour dominer les révoltes du peuple de Sienne et

1. Voir le curieux ouvrage de M. Wolff, intitulé *Sardou et l'Oncle Sam*.

l'entraîner, pour ébranler les portes de l'église et faire trembler la salle, un Talma moderne n'aurait pas trop de sa grandeur tragique et des éclats de sa voix d'airain.

La révolution romantique fut merveilleusement aidée, dans ses âpres et fiers combats, par les interprètes du drame nouveau. A Frédérick-Lemaître, le poète opposait mademoiselle Georges ou madame Dorval. C'était un duel épique. Les deux adversaires épouvantaient et charmaient tour à tour. L'une, nous dit Gautier, parlant de mademoiselle Georges, « par la sculpturale beauté de ses lignes, était la réalisation la plus complète du rêve de la muse tragique, comme par sa voix sonore et profonde, son air impérieux, son geste naturel et fier, son regard plein de noires menaces et de séductions enivrantes, elle eût paru à Shakspeare l'héroïne formée exprès pour ses vastes drames. » L'autre, pour citer encore le même écrivain, « était la vraie femme de Frédérick, comme Frédérick était son vrai mari... Frédérick était l'homme qu'il fallait pour faire pleurer cette femme ; mais aussi comme elle savait l'attendrir, quand sa fureur était passée ». (21 mai

1849.) — Hélas ! ils sont passés aussi, ces grands jours. Qui nous les rendra ? S'il y a quelque part une Dorval, une mademoiselle Georges, qu'elle sorte de la foule et nous joue Cordelia ! Nos cœurs sont prêts. Héroïne inconnue, nos âmes t'appellent et t'attendent !

VII

Cordelia ! Dolorès ! Antithèse vivante, double et
magnifique image de la femme. L'ange du mal à
côté de l'ange du bien. M. Sardou l'a dit : il a créé
l'une pour expier l'autre. La perversité tragique de
Dolorès a longtemps hanté son sommeil ; il ne put
trouver le repos que dans l'infinie charité de Cordelia. Mais Cordelia n'est qu'une passion, Dolorès est un
caractère. Cordelia est une âme simple que le drame
surprend. Outragée, elle hait ; mais, quand elle s'est
vengée, elle pardonne, elle guérit, elle aime. Le fond
de cette nature est la tendresse. Elle vit dans un
temps sans pitié, elle est d'une famille où l'on ignore

la clémence; elle doit mourir, elle meurt, victime de sa famille et de son temps, mais auprès
de celui qu'elle aime et sous le regard de Celui qui
pardonne. Dolorès est le drame incarné, elle a la
voix, l'allure et l'âme d'une Clytemnestre et d'une
Lucrèce Borgia. Les pays, les temps, les situations
diffèrent, mais non les cœurs. Posez-lui sur la
tête une couronne royale ; l'Agrippine de Tacite
et l'Élisabeth de l'histoire reconnaîtront en elle
une sœur. Elle pourrait épouvanter un monde, et
couvrir de sang les marches d'un trône. Espagnole et
catholique, elle est au foyer de Rysoor comme la
furie de l'Espagne et de l'inquisition. Son adultère
a pour colonnes deux haines. Elle porte l'héroïsme
dans la faute, et la trahison dans l'héroïsme. Elle
outrage en face celui qui aurait le droit de la tuer,
et le dénonce en secret. Elle livre à la mort son
mari, un peuple entier au désespoir. Elle arme
contre elle le bras de son amant; et son amant,
après l'avoir frappée, ne lui fait pas même l'honneur de se frapper à côté d'elle. Il l'aime encore
et la couvre de baisers, mais il la méprise et la
hait en l'aimant. Dans son agonie, elle l'appelle; il

s'enfuit, pour mourir sur le bûcher avec les victimes qu'elle a faites. Figure éminemment tragique, Dolorès illustre la main qui en a pétri l'âme ardente et hautaine. Et la gloire est d'autant plus grande, que M. Sardou s'est épouvanté lui-même de sa création. Les femmes de son théâtre ne ressemblent pas à cette femme. Elle y est à part et les domine toutes.

La seule qui en approche, Séraphine, est loin, bien loin d'elle encore. Quant à Clotilde, dans *Fernande,* elle est égarée par le ressentiment le plus juste. Zicka est une aventurière. Les autres ont presque toujours le beau rôle. Les plus coupables ne vont jamais jusqu'à l'adultère. Elles en approchent; les ardeurs de la passion les tentent mystérieusement; mais le devoir l'emporte. Elles subissent un instant cette maladie morale, qui, suivant M. Feuillet, ou du moins suivant son interprète, le docteur Pierre Dessolles, « attend les meilleures des femmes au seuil de la maturité », mais leur maladie n'est pas mortelle; c'est une crise d'où elles sortent mieux trempées. Cécile écoute les déclarations brûlantes de Maurice, mais tant qu'il reste dans les régions sereines de l'amour pur. Que le danger se montre à découvert, et Cécile, soudain réveillée de son rêve, découvre que le bonheur pour une femme est d'aimer son mari. Claire, qui, pourtant, aurait presque le droit de trahir le sien, et qui, un instant, est sur le point de se livrer à M. de Marsille, est sauvée de l'adultère par le spectacle hideux de l'adultère même. Cet homme, dont son imagination appelait l'amour, cet idéal, le voilà devant elle, au sortir d'une orgie, l'œil aviné, le rire stupide. Claire le repousse et s'écrie : « Quelle leçon !... Ce n'est plus la passion, c'est le vice ! Ce n'est plus l'amour, c'est la débauche ! Ce n'est plus l'enivrement, c'est l'ivresse ! » *Maison neuve*, acte IV, scène III.) Telles sont les plus coupables. Voyez maintenant les héroïnes de la tendresse féminine et du dévouement conjugal ! Dans *les Diables noirs*, l'amour de Jeanne a les divines patiences et les miséricordes infinies de l'amour maternel. Il n'éclate en imprécations qu'au moment où l'âme d'une mère maudirait son fils. Et Fernande, et Dora, quels grands, nobles et tendres cœurs ! M. Sardou a le droit de dire qu'il a « la dévotion de la femme ». Et, bien qu'il y ait quelque chose d'étrange à chercher le sentiment d'un auteur dans les paroles du plus fou de ses héros, c'est pourtant don Quichotte qui l'exprime le mieux, lorsqu'il s'écrie : « Bénies soyez-vous, ô femmes ! nos mères, nos sœurs et nos épouses ! Et maudits ceux qui vous méconnaissent ! maudits ceux qui vous blasphèment ! »

Mais, si M. Sardou a le culte de la femme, il a, chose plus rare encore parmi les écrivains dramatiques de notre temps, le sentiment exquis de la jeune fille. Oui, il aime, il sait peindre la vraie jeune fille, celle qui n'est ni une Agnès, ni une Américaine, ni une Benoîton. Quelles délicieuses figures que ces femmes naissantes, dont le cœur parle déjà, mais saintement, qui aiment et le disent sans rougir, et dont la voix a de si pénétrantes douceurs ! Il n'y a pas une pièce de M. Sardou où ne se trouve une de ces vierges adorables. Fraîcheur du sourire, limpidité du regard, doux éclat de la voix, aimable simplicité de l'âme, elles ont toutes les grâces et jettent jusque dans les drames les plus sombres un je ne sais quoi de suave, mi-

rayon, mi-parfum ! L'Antoinette des *Vieux Garçons*, la Geneviève de *Nos Bons Villageois*, la Marguerite des *Ganaches* brillent d'une innocence irrésistible ; leur charme apaise, rapproche, unit ;
elles ont la clarté bienfaisante des aurores et des
printemps. Il n'y a pas jusqu'à la fille de *l'Oncle
Sam*, qui, malgré l'exemple et l'enseignement de
son père, ne se sente tout d'un coup touchée au
cœur par un amour vrai. Avec l'amour, la pudeur
s'éveille en elle. Elle flirtait, et la voilà qui fuit
celui qu'elle aime. Certes, M. Émile Augier a
mis sur la scène de charmantes jeunes filles, mais
parfois ces vierges sont bien raisonneuses, bien in-
struites ! Heureux encore quand il ne sort point de
ces bouches roses un vilain argot ! La main de
M. Augier est parfois un peu brutale ; celle de
M. Sardou a de touchantes délicatesses quand
il le faut.

VIII

J'ai réservé pour les dernières pages de ce travail, deux œuvres qui ne ressemblent à aucune de leurs aînées, et qui elles-mêmes ne se ressemblent pas, bien qu'elles se complètent : *Rabagas* et *Daniel Rochat*. *Rabagas* a provoqué de telles colères et causé de telles erreurs, qu'il est utile d'en bien marquer l'esprit et d'en mesurer exactement la portée. Je suis de ceux qui aiment *Rabagas*, parce que je vois, dans cette vigoureuse satire, non pas ce que les passions du moment ont voulu y voir, mais ce que l'auteur y a voulu mettre et y a mis. On sait à merveille qu'au temps où parut la pièce, les amis et les ennemis de M. Sardou donnèrent à son œuvre

17

le caractère d'une satire personnelle. C'était oublier
d'abord que jamais auteur dramatique ne procède
ainsi, mais qu'il emprunte les traits de ses personnages çà et là, et les associe par un travail intérieur,
afin d'en former un type. Aristophane, je le sais,
a jeté sur la scène Socrate et Cléon; mais cette
dangereuse liberté ne tenterait personne aujour-
d'hui ; et les plus chauds partisans de M. Sardou lui
ont prêté sur ce point des prétentions qu'il n'a jamais eues. Il les a désavouées publiquement. Il
s'agit de montrer que ce désaveu était légitime.

Avez-vous bien remarqué, dites-moi, le récit de
Rabagas au cinquième acte ? Il est la lumière de
toute la pièce. Cette révolution de Menton, où, durant la nuit, trois gouvernements, le vert, le rouge
et le jaune, s'improvisent coup sur coup, s'empri-
sonnent l'un l'autre, s'échappent par la cheminée,
rentrent par la cave, redescendent par la fenêtre et
finissent par se sauver tous à l'arrivée des gendar-
mes; cette émeute confuse, où se battent trois
émeutes, n'est-elle pas la reproduction microscopi-
que d'une journée fameuse, la journée du 31 octo-
bre? Ce Vuillard qui arrête Camerlin, ce Camer-

lin qui arrête Petrowlski, ce Petrowlski qui arrête Chaffiou, lequel les arrête tous, et finalement décampe sans tambours ni trompettes, c'est Flourens, c'est Eudes, c'est Félix Pyat, c'est l'état-major de la Commune. Et cette bande de législateurs et de généraux de carrefour a pour officine, non pas un journal sévère, comme celui de la Chaussée-d'Antin, mais un tripot, *le Crapaud-Volant*. Examinez bien le personnel de cette boutique, vous y reconnaîtrez les despotes grossiers que nous avons vus en 1871, dans ce Paris silencieux et morne, où ils faisaient sonner leurs bottes et reluire au soleil d'avril leurs panaches de contrebande. Ils parlent, jurent, boivent, écrivent devant vous, dans ce bureau de *la Carmagnole* où l'on paye cinquante centimes le droit de prononcer le mot Dieu. Camerlin le jacobin s'y querelle avec Vuillard le socialiste, qu'il déteste et qui le lui rend ; Chaffiou, dont l'idée fixe est la peur de la police, complète cet admirable trio, où va faire son entrée le général insurrectionnel, tant de fois vainqueur en Amérique. Songez maintenant que le récit de Rabagas, où nous voyons à l'œuvre toute *la Carmagnole*, formait primitivement un acte entier, qui était le pendant du second acte[1] ; et certes, à l'aide de cette double clarté, vous saisirez la pensée de l'auteur. En un mot, nous avons ici non pas la satire de la démocratie, mais celle de la démagogie.

Est-ce dans l'arrière-boutique du *Crapaud-Volant* que M. Sardou aurait placé l'homme que tous nommaient aux représentations de *Rabagas?* Rabagas enfin est-il le portrait, est-il même la caricature la plus libre de cet homme politique? Quand Rabagas accepte l'invitation de la cour, met des culottes de soie et passe armes et bagages au camp du prince, ne songez-vous pas à certain personnage qui fit d'abord une très vive opposition à l'Empire, et sur la fin lui apporta le secours de son vote? Sans doute il y a dans Rabagas des traits empruntés à celui qui fut le commis voyageur de la démocratie. Mais ce rapprochement était inévitable, du moment que M. Sardou choisissait un avocat et lui donnait l'au-

1. Si M. Sardou a substitué le récit à l'action, c'est uniquement par le plus légitime et le plus honorable des scrupules. Il a pensé qu'il serait pénible, si près encore des événements de 1871, d'en trouver sur la scène une peinture trop saisissante. Le patriote a fait taire l'auteur.

dace d'un tribun. Sans doute encore, M. Sardou a volontairement prêté à son héros certains mots, certaines prétentions stratégiques qui rappellent le Gambetta de la guerre. Mais ce mélange ne prouve-t-il pas jusqu'à l'évidence ce que je disais au commencement, que l'auteur dramatique choisit dans la nature les traits divers dont il compose une physionomie originale? Non, Rabagas justifiant l'assassinat pour sauver un malfaiteur de bas étage n'est pas celui qu'on a cru. Rabagas est le type du révolutionnaire à la parole retentissante, pour qui la révolution est un instrument de gloire et de fortune. Ainsi considéré, le type est peint de main de maître.

On reproche à M. Sardou d'en avoir outré la peinture[1]. Plus fine, dit-on, elle aurait plus de portée. C'est une erreur. Molière procède presque toujours par la charge, et ses personnages n'en restent pas moins des figures toujours vivantes par quelque côté. La caricature est la loi même de la comédie satirique. *Les Précieuses ridicules*, tous les médecins de Molière, son *Bourgeois gentilhomme*, son *Avare*

---

1. Voir un brillant article de M. Cartault sur M. Sardou dans la *Revue politique et littéraire*.

et son *Tartufe* sont des caricatures. Ici, comme par le mélange de la comédie et de la tragédie, M. Sardou est dans la grande tradition.

Il y a, il est vrai, un point où il s'en écarte, bien que Molière lui ait au moins une fois donné l'exemple. En général, le poëte du XVIIe siècle, quand il veut peindre tel travers ou tel vice, en concentre sur un seul personnage les traits les plus saillants. Il isole cette figure et la met au centre du tableau, en pleine lumière. *L'Avare* est seul dans sa famille : il y est l'objet de toutes les colères, la victime de toutes les ruses. Enfants et domestiques le bernent ou l'outragent. A coup sûr, c'est un bon moyen de mettre un type en relief, mais la vérité y perd. D'ordinaire, les choses ne se passent point ainsi : une contagion inévitable répand dans la famille le ridicule ou le vice du père ou de la mère, selon que l'un gouverne ou l'autre. La contagion peut d'aventure épargner quelqu'un des enfants, mais cette résistance unique fait mieux valoir encore l'empire de l'exemple. Le fils d'un bourgeois gentilhomme sera lui-même un bourgeois gentilhomme, plus instruit, moins ridicule, mais atteint du même mal. Toute la différence sera dans les nuances, inévitables aussi, que revêt un défaut selon l'âge et le sexe des gens. Dès lors, nous n'avons pas devant nous M. Benoîton, mais la famille Benoîton. Au lieu d'une famille, que l'écrivain choisisse une intimité purement volontaire: au lieu d'un intime, il nous peindra des intimes; au lieu d'une ganache, des ganaches. Telle ganache ne ressemble pas à telle autre, mais toutes les ganaches auront pour trait commun le travers indiqué par le nom commun dont les marque l'auteur. C'est un système qui a son danger : la lumière risque de s'effacer en se dispersant; mais, si le peintre, tout en la répandant, sait la diriger d'une façon plus directe sur un personnage central qui en soit comme le foyer, l'art est parfait. Molière nous a laissé de cette composition dramatique un modèle inimitable, *les Femmes savantes*. Sans aventurer M. Sardou en des comparaisons fâcheuses, n'est-il pas vrai que *la Famille Benoîton*, composée suivant cette méthode, est, au point de vue où je me place, une œuvre bien composée?

Daniel Rochat, comme *Rabagas*, a soulevé des

tempêtes. Comme *Rabagas*, *Daniel Rochat* les a domptées. Mais *Rabagas* est une satire, *Daniel Rochat* un drame sévère, le plus sérieux effort qu'ait fait M. Sardou vers la haute comédie. — Il y a loin d'un démagogue à un démocrate, de Rabagas à Daniel. Rabagas est un tribun de barrière, Daniel un orateur. L'un dirige un journal d'arrière-boutique, l'autre la Chambre des députés. Rabagas a pour admirateurs deux ou trois voyous, les amis de Daniel sont des hommes du monde. Rabagas n'aspire au pouvoir qu'afin d'en jouir, Daniel y veut arriver pour donner la victoire à ses principes. En un mot, Daniel a tout ce qui manque à Rabagas, l'honneur et la foi. Néanmoins, le rapprochement s'impose : M. Sardou est parti de l'un pour aboutir à l'autre. Idéalisant Rabagas, il a trouvé Daniel.

Daniel a son ombre, un de ces bien avisés qui font leur chemin derrière un plus habile : confidents, secrétaires et conseillers du grand homme, qu'ils entourent d'une affection « d'autant plus sincère qu'elle n'est pas désintéressée », et dont ils traitent la fortune un peu comme leur bien, la considérant comme leur œuvre. L'*alter ego* de Daniel est le docteur Bidache. Il a connu Daniel au lycée, où Daniel corrigeait les versions de Bidache, où Bidache faisait les courses de Daniel. Plus tard, ils se sont retrouvés ; Bidache, carabin sans talent, Daniel avocat et préludant par des succès de réunions publiques aux triomphes parlementaires. Esprit médiocre, mais non sans finesse, Bidache s'est attaché à l'orateur populaire, insinué dans sa familiarité, dévoué à son avenir. Brave homme, au demeurant, et très convaincu, portant au cœur la haine du prêtre, et traitant de jésuite quiconque n'a pas cette haine. Il y a du grotesque en lui, mais n'oublions pas qu'il a souffert : s'il parle du prêtre avec fureur, c'est que le prêtre lui a brisé sa vie.

Longtemps indifférente en fait de religion, sa femme s'est un jour précipitée au pied des autels, elle a couru les églises, fait des neuvaines, pour sauver son fils, un fils unique. Le père guérit l'enfant, mais c'est à Dieu que la mère adresse sa reconnaissance. Elle a fait vœu de je ne sais quel pèlerinage, Bidache s'y oppose, et dès lors com-

mence entre elle et lui une de ces guerres sour-
des, où le mari est fatalement vaincu par le confesseur. Des amis interviennent, Bidache s'en va
d'un côté, sa femme de l'autre. « Et voilà où j'en
» suis, dit-il, ni mari, ni célibataire, ni veuf, pour
avoir laissé se faufiler chez moi l'ombre noire,
qui, peu à peu grandissante, le jour où j'ai
voulu l'expulser de mon toit, s'est écriée jetant le
masque : C'est à toi d'en sortir !.. La maison, la
» femme, l'enfant !.. tout est à moi ! » (III, 2.)

La question religieuse est la question capitale aujourd'hui. Nul n'y est indifférent. Mais, dans le
combat qu'elle soutient ou qu'elle mène contre la
Révolution, l'Église malheureusement a pour elle la
femme, et les divisions de la patrie ne s'arrêtent
pas au seuil de la famille. — Un auteur dramatique
n'a pas tort de représenter ces querelles domestiques entre l'esprit moderne et l'esprit clérical.
Libre à lui d'opter pour la religion ou contre elle.
Bien plus, libre à lui de ne pas opter.

M. Sardou, en son *Daniel Rochat,* a-t-il pris
parti ? Non, certes : il a mis aux prises l'athéisme
et la foi, incarnant la foi dans une femme jeune,

belle, intelligente, et personnifiant l'athéisme dans un homme instruit, qui est tout ensemble un homme de talent et un honnête homme. Le dénouement de la pièce est un divorce : Daniel et Léa s'éloignent désespérés, après avoir essayé, Léa de vaincre Daniel, Daniel de convaincre Léa. Dénouement fatal, les critiques les moins favorables à M. Sardou l'ont approuvé. Que l'amour l'emporte, que Daniel aille au temple ou que Léa consente à n'y pas aller, le drame perd sa force, ou plutôt il n'est pas achevé ; je dirai plus, il commence à peine, car, après le mariage, il recommencera ; et désormais, ou bien Daniel, de concession en concession, se livrera tout entier, ou bien Léa, découragée, se retirera de lui ºt l'amour disparaîtra de cette famille que l'amour aura fondée.

Mais, direz-vous, voilà précisément le drame que M. Sardou devait nous présenter. — Je répondrai que le critique n'a pas à refaire la pièce qu'il juge. L'auteur a placé l'action entre le mariage civil èt le mariage religieux, c'est son droit. Le vôtre, le mien, celui du public, est d'apprécier la valeur du drame tel que l'auteur l'a conçu. — La situation choisie par M. Sardou est étrange, je le veux bien, et tout à fait d'exception. Pour y aboutir, il faut qu'il combine une série de circonstances où la main de l'opérateur se trahit. Il faut même qu'il ait recours à un artifice peu relevé, à un quiproquo; et ce quiproquo, si vraisemblable que le rende à la scène l'adresse du dramaturge, ne laisse pas d'inquiéter à la réflexion. Est-il admissible que dans l'intimité de ce voyage à l'anglaise, où leurs cœurs ont parlé, jamais Léa n'ait laissé voir à Daniel ses opinions religieuses? Pour moi, je regrette qu'un drame sévère naisse d'une équivoque. Mais que voulez-vous? Cette équivoque, M. Sardou en avait besoin, pour arriver jusqu'au mariage civil qui est le point de départ de son drame.

Les voilà donc en présence, la femme qui croit et l'homme qui ne croit pas. Du premier acte, passons au troisième. Daniel et Léa ont prononcé le serment qui les unit devant la loi; mais, après la cérémonie, si lestement enlevée, du mariage civil, le pasteur a fait son entrée, au profond étonnement de l'orateur républicain et de son ami Bidache.

Le drame va s'engager. Drame austère qui se joue tout entier dans l'âme de Daniel et dans celle de Léa. Désormais, plus d'escamotage; mais, d'un bout à l'autre, un duel moral. Nul événement extérieur qui vienne en traverser la simplicité tragique; l'action d'une allure tranquille marche à son dénouement sans aucun détour.

Cette concentration de l'intérêt forme avec le système théâtral ordinairement suivi par l'auteur un tel contraste, que la critique, au lieu de savoir gré à M. Sardou de ce retour à la méthode classique, l'en a blâmé. — On a dit et répété que *Daniel Rochat* était monotone, on l'a défini un duo en trois actes, un opéra sans musique. Pour moi, j'entends bien trois duos successifs, mais je vois trois situations. Au troisième acte, Daniel et Léa mesurent l'abîme qui les sépare. Le franchiront-ils? Voilà l'objet du quatrième acte. Il leur est impossible de le franchir; le cinquième acte le démontre sans réplique.

Les trois duos sont donc nécessaires. — Le premier est un mélange d'amour et de raison, mais la raison domine. Daniel et Léa discutent, essaient de se convaincre. Un souffle lyrique anime le second; la passion y provoque la passion. Daniel veut fléchir Léa, l'égarer; s'il la possède un instant, elle est à lui pour toujours. Léa, de son côté, veut enivrer Daniel; qu'il aille au temple, elle se livrera. « Nous traversons le parc, et je rentre ici ta femme, ta vraie femme cette fois. » Il y a de part et d'autre, comment dirai-je? un appel à la volupté. Doucement éclairée, la chambre nuptiale les invite à l'amour. Tous deux se désirent, et le vertige est proche. On peut croire un instant que Léa va céder, Daniel la tient embrassée, et penche ses lèvres sur les siennes; mais Léa se redresse, elle est sauvée. « Ah! démon!... tu me perds! laisse-moi! » s'écrie-t-elle. Daniel, à son tour, est sur le point de s'abandonner; une faiblesse le prend, il suivra Léa chez le pasteur, mais il faut que Léa lui garde le secret. Léa se révolte, et Daniel éperdu s'écrie: « Je ne te demande rien!... Viens. » Mais une telle victoire, ce mariage clandestin, répugne à Léa; elle est chrétienne et s'en fait gloire; il faut que tous les siens et les amis de Daniel soient témoins. A son tour, Daniel est sauvé. Voilà le second duo de la pièce. Ressemble-t-il au premier? l'action n'a-t-elle pas marché? l'heure est de celles qui ne se retrouvent plus.

Nous voici au cinquième acte; c'est le troisième duo. Daniel a réfléchi; il doit à Léa le sacrifice qu'elle lui demande, il le lui doit parce qu'elle l'aime, et qu'en n'allant pas au temple, il lui réfuse le bonheur qu'il lui a promis. Mais elle aussi, elle a réfléchi; elle comprend que, tôt ou tard, Daniel regrettera le sacrifice qu'il est prêt à lui faire, elle ne doit plus, elle ne peut plus l'accepter. Elle s'était trompée. Elle n'est plus elle, il n'est plus lui. « A mon triste réveil, quand j'ai cherché dans mon cœur la douce image que je m'étais faite de vous, Daniel, je ne l'y ai plus trouvée. » En un mot, elle n'aime plus. Que Daniel lui dicte ce qu'elle doit faire, elle obéira. « Signez, » dit-il, et le rideau tombe. Le divorce est accompli.

Sur la haute tristesse de ce dénouement, il n'y a qu'une voix... Maintenant, j'avouerai que la femme a le beau rôle. Mais l'auteur n'a pas eu l'intention de sacrifier Daniel, et l'œuvre est une œuvre de bonne foi.

IX

Résumons-nous. M. Sardou n'est pas seulement un écrivain tour à tour satirique et romantique, un artiste d'une extraordinaire habileté, un juge pénétrant des vices contemporains; sans être toujours correcte, sa langue est française d'allure et de ton. Arrière-neveu de Beaumarchais et de Diderot, il a, comme eux, la phrase vive, légère, ailée, le trait brillant et sonore. Dans les comédies, dans *les Diables noirs*, en particulier, la passion se répand trop volontiers en antithèses où l'art se trahit; mais nulle emphase dans le mâle langage de Rysoor, nulle déclamation dans les emportements de

Dolorès. Ce m'est un regret de ne pouvoir qu'indiquer en fuyant les défauts et les qualités de ce style éminemment dramatique, où l'on sent toujours ce je ne sais quel rythme qui est tout ce que la prose peut garder du vers.

Quant aux œuvres que cet inépuisable esprit nous réserve, on peut croire sans témérité qu'elles ajouteront de nouveaux traits à la physionomie d'un talent déjà si divers. Le domaine de la comédie et du drame est illimité. Au-dessus des querelles politiques, ce qui frappe tous les regards, c'est l'état de la société nouvelle, telle que l'a faite la Révolution française. La démocratie naissante a ses problèmes inévitables, et je crois savoir qu'aux yeux de M. Sardou, comme au sentiment de M. Émile Augier, l'œuvre de l'avenir est l'établ..ssement d'une aristocratie fondée tout entière sur le mérite personnel. M. Sardou n'est pas un ennemi de la démocratie, il ne hait et n'a combattu que le charlatanisme. Ses principes ressemblent beaucoup, paraît-il, à ceux qu'expose Giboyer dans *les Effrontés*. Il rêve, comme cet héroïque déclassé, « le règne de l'intelligence » ; et ce règne, il n'en doute pas, « s'accomplira, parce que c'est la loi du monde ». Qu'il le dise à sa façon, et nous l'applaudirons. Le théâtre, qui lui doit tant, attend de lui beaucoup encore ; et nul n'attend davantage que celui qui écrit ceci.

FIN

TABLE